目 录

特 稿

我的父亲刘文典

刘平章口述 张昌山、卫魏、刘兴育、姚铁军等整理

前记：关于刘文典先生，早已流传许多故事，众说纷纭，莫衷一是，犹如雾里看花，云中望月，让人不辨真伪。今特访刘文典先生之子刘平章先生，希望能从他对父亲的回忆中，觅得一些事踪，尽力还原一位真实的刘文典。

一、父亲的经历

曾祖父是安徽怀宁人，早年在合肥做生意，开了一家不小的布号，生活尚算富足。可惜没多久，遇上洪秀全打安庆，俗称“长毛作乱”，家里人把布捆在祖父身上，从城墙上吊下去，这样才侥幸逃了出去。平乱后祖父回到合肥，继承了曾祖父的旧业经营布号。

祖父育有六子二女，父亲是填房夫人所生，兄弟排行第三，上面有两个哥哥和两个姐姐，下面有三个弟弟。八个子女中，要数父亲最聪明，祖父便很注重对他的培养。在他幼年时家里就请了私塾先生，教父亲读经书和古文。长到十二三岁，又请了当地美国基督教会医院的院士教他学习英文。就这样，父亲便早早地接触到了中国古典和西洋文化。稍大些，父亲便去了芜湖安徽公学读书，受教于陈独秀、谢无量、刘师培等名师。在研习学问的过程中，也接触到当时的进步思潮，并逐渐被其感染。后来又东渡日本，经人介绍结识章太炎先

生，遂成为章门弟子，研习经学和小学。

1911 年，辛亥革命爆发，父亲听到这个消息，当即回国并赶往上海。到上海后，父亲加入了《民立报》，担任编辑和英文翻译，与于右任和邵力子共事。当时，宋教仁、范鸿仙、景耀月、章士钊等都是《民立报》的编辑。《民立报》针砭时弊，揭露君主立宪骗局，批判封建专制制度，谴责帝国主义侵略，鼓吹民族民主革命，号召推翻清政府，具有极大的社会影响力。孙中山是年赴上海时，首访了《民立报》，并为之作中英文题字，中文赠词为“戮力同心”，英文赠词为“Unity is our watchword”。这是父亲首次见到孙中山先生。

后来宋教仁遇刺，父亲和范鸿仙等人在《民立报》连续撰文，率先公布袁世凯刺杀宋教仁的真相，追缅逝者，声讨凶手。时隔不久，父亲与范鸿仙等人同赴安徽芜湖，决议成立讨袁第一军、第二军，酝酿讨袁行动。恰在此时，李烈钧在湖口宣布江西独立，通电讨袁，“二次革命”正式爆发。后来“二次革命”失败，袁世凯通缉革命党人，父亲不得已再度赴日本，以记者身份与范鸿仙等人密切往来。1914 年 7 月，中华革命党成立大会在东京召开，孙中山任总理。父亲经人介绍，宣誓入党，任中华革命党党部秘书，主要负责孙中山英文电报起草工作。期间，父亲还在陈独秀等人创办的《新青年》上发表多篇文章，旨在介绍西方自由民主思想和进步潮流，成为《新青年》群体中首批重要作者之一。袁世凯倒台后，父亲由日本回国，经陈独秀引荐，在北大担任预科教授，并兼任北大研究所国学门教员，同时担任《新青年》编辑部英文编辑和翻译。1926 年，安徽准备筹建安徽大学，教育厅长洪逵向父亲发出聘函，邀请父亲主持安大筹建事宜，父亲欣然前往，并为筹措教育经费多方奔走，费尽心思。安徽大学成立后，父亲被推举为文学院筹备主任，并代行校长之职，主持校务。后来因在维护学生时顶撞了蒋介石，父亲于 1928 年辞去了安大职务，重回北大任教。第二年应罗家伦校长聘请，进入清华大学国文系任教，同时在北大兼任教授。

据母亲讲，“二次革命”后我们家里非常穷，袁世凯又四处抓人，那时几乎没有什么经济来源，只好把所有东西都卖光了到日本去。直到 1928 年抵北平后，父亲先到北大教书，又到清华任教，家里的情况才好转。那个时候父亲

刘文典在云南大学会泽院。

刘文典的夫人张秋华和儿子刘平章。

在北大和清华两处领工资，一个月大概有七八百块钱，家里雇着几个人，有一个黄包车专门拉我母亲去买菜，还买了部英国的小奥斯汀汽车代步，花了大约两千块钱。另外，我们家好像还在安徽买了栋房子，带有花园，后来被日本兵强占了。

当时，我们家有父亲、母亲和我三口人，还有母亲的乳母一家人。因为外婆在母亲很小的时候就过世了，母亲是由这位乳母带大的，所以一直就陪着这位乳母，当成自己的母亲一样。父亲也很尊重这位乳母。父亲让乳母的儿子去学裁缝，我们家的衣服都是他做的，他媳妇做饭，孙子便跟着父亲，相当于书童，帮忙倒茶水拿东西，父亲教他读书认字，还教英文，后来他做文章写字都很不错，比较有文化。另外，母亲的表弟陈迺吉也住在我家，他喜欢画画，家里就让他去学美术，本来是要送到美专深造，因日军入侵，没有办法便让他回去了。此后一直在安庆画画，据说在山水画上还小有名气。

七七事变后，有一天突然有很多日本兵闯到我们家翻箱倒柜，我很害怕，不久父亲就不见了。听母亲后来讲，当时有人劝父亲去伪北大任教，父亲严词拒绝，日本人便有意为难他。父亲通过北京的一个朋友，买了车票，跑到天津，从天津转到香港，再到海防，最后来到云南。父亲走之后的第二年，我和母亲以及表叔陈迺吉，还有母亲、乳母一家也离开了北平，途经上海时就给了一些盘缠，让他们回安徽老家去了，然后我和母亲到了香港。当时我们带着父亲的四大箱书，还有几十件行李，在香港大学遇到了父亲的学生马鉴教授，他劝说我们，母亲带着那么多行李又带着我，路上不方便，建议我们把书留下来暂存香港。这几大箱书就留了下来。这批书是父亲十多年在北平收藏的古籍、手稿和信函，非常珍贵，可惜后来丢失了。

我们从香港到了海防，六叔把我们接到昆明。父亲到云南后开始是在蒙自，然后转到昆明，住在一丘田。父亲和母亲见面以后，只说了几句话，父亲就很生气。在我印象当中，很少听到他们两人有这种口角。那天好像是父亲责怪母亲说："怎么不把书带出来，我以后怎么做学问，那些行李可以丢掉不要！"

初到一丘田，我们租人家的房子住。那是一个很大的四合院，大门旁边还有一块空地。没多久，日本飞机来轰炸昆明。有一次母亲在房间里，我和父亲匆匆忙忙跑出来，打算到房子外面的空地上，突然间，一架日机俯冲下来，飞得很低，我能清楚地看见那个日本兵戴着皮帽子和风镜，父亲马上抱住我，趴在我身上，这个场景在我印象中非常深刻。我们租房的人家比较有钱，女主人抽烟的时候，经常打骂甚至用烟签子戳使唤丫头，父亲见了很生气，他觉得这个人怎么会如此野蛮，更担心小孩子经常看到这样的场景不利于成长，他在家里面发了几次脾气后，我们就搬走了。

我们搬到了西站附近的龙翔街。龙翔街靠左边有一栋两层楼的房子，我们在耳房上租了一间。住在龙翔街一是为了父亲去联大上课方便，二是有利于跑警报。那时昆明跑警报首先是看看五华山上的灯笼，挂一个就是预袭警报，就要准备跑了。我早上起来，母亲就叫我去看五华山上是否挂上灯笼，一有灯笼我就回家报告，这时父母和我三个人便跑过马路往前走，大概走半公里就到了虹山。当时虹山一间房子也没有，小山坡上还有一块平地，我们花了点钱挖了一个山洞。在那里大概从 10 点左右，呆到下午一两点钟才回家。跑警报有时会有西南联大的学生遇到父亲，就和父亲一起跑，到我们挖的那个土洞里，拿着书读，还在里面谈谈学问和其他什么。

有次我们跑警报回来，家里房子虽然没倒，但是一上楼看，整个瓦面全飞掉了，没有了屋顶，家里到处都是灰尘。没有办法，就托人到官渡给我六叔报信，六叔找了个马车把我们家不多的行李运到了官渡，从此我们就住在官渡了。在官渡那段时间比较安全，因为敌机是不到那边轰炸的。

到了官渡，父亲心情也比较好一些，但生活还是很苦，西南联大的工资只够买点米，连买菜的钱都没有，就靠变卖我母亲的一些衣物首饰来维持生活。一段时间后，家里面能卖的也差不多全卖掉了。即便如此，父亲也从来没有缺过课。我们当时住在官渡一个叫六谷村的地方，父亲每次去上课，都要从六谷村走几公里的路到西庄火车站，从那里坐火车到昆明火车南站，再步行到联大来上课，晚上常常还要赶回来。当时父亲作了一首诗《西庄》，讲到他上课回来，我在门口迎接他的情境：

《西庄》

西庄地接板桥湾，小巷斜临曲水间。
不尽清流通滇海，无边爽气挹西山。
云含蟾影松阴淡，风送蛩声苇露寒。
稚子候门凝望久，一灯遥识阿爷还。

抗战中的那段日子我们的确是过得比较艰难，但父亲没有因为生活的变化而影响工作。他没有什么怨言，在那段时间还写了许多关于抗日战争的文章。

1942 年，有西南联大的学生请父亲到普洱的磨黑教书。当时邀请父亲的西南联大学生的身份及背景，当事人前些年已发表文章说明了，但那时我们是不知道的。1943 年初，父亲、母亲和我便动身了。我们先从官渡到昆明，住在火车站旁边一个小旅馆里面。大概过了两天，联大的四个学生就来接我们，他们分别是萧荻、吴子良、许冀闽和郑道津。我们一行七人先坐汽车到玉溪，从玉溪开始步行，一路上很艰辛。张孟希派来的大队马帮在前面带路，我们各坐一副滑竿，因为许冀闽是女生，特加照顾，也坐了一副滑竿，那三个男学生就走路，一天下来，只能走二三十公里。我们经过元江时，在一些路段会看到白骨，甚是荒凉，这样前后走了大概半个月，千辛万苦才到磨黑。

到了磨黑后，我们就住在磨黑中学大厅旁的小耳房里，在我印象中还带有一个小院子。有一次听我父亲跟母亲闲聊，我才得知，那个时候日本人已经打到了怒江，父亲见磨黑如此偏僻荒远，心想日本人恐怕不会来到这种深山老林。这个时候生活比较稳定，父亲偶尔去给学生讲课，有时也去到张孟希那里。张孟希虽然是个军人，但也懂些古文，经常来找父亲，两人在家里谈这些东西。当地有些士绅，也是盐商，他们有些文化底子，慕名来找我父亲，还请父亲给他们讲过几堂课。

这样过了两三个月，普洱专署长胡道文请父亲去，我们便到了普洱。胡道文是个有文化底蕴的人，他和父亲经常说古论今，相谈甚欢，还特别请父亲做过几次演讲，由当地的士绅一起陪同。在普洱，我们住在一个很大的四合院里，院内还设有一个电台，是专门用于报警的，看见日本飞机经过普洱就立即发电报到昆明，不过那个时候已经没有多少日本飞机了，因为美国飞行队来了，管电台的人平常也没有什么事情。

1943 年暑假开始时，我们回到昆明，仍旧住在官渡。但不久父亲就转到云南大学教书了，我甚是不解，后来才听母亲说，西南联大解聘了父亲。父亲到云大任教以后，就把他的两个学生要到云大来，一个是张为骐先生，一个是陶光先生。当时张友铭先生跟父亲交往也很密切，我们搬到云大晚翠园以后，两家经常在一起。张友铭还帮我补习过英文，我就拜他的夫人做干姐姐，所以我一直称张友铭为张大哥，称他夫人为干姐姐。

父亲到云大任教授的时候，已经不再跑警报了。不过父亲每次来学校上课，都需要从官渡步行到西庄火车站，乘火车到昆明南站，再从南站走路到云南大学，每星期至少跑一次，往返要走一二十公里。那时候也没有什么交通工具，如果经济上好点，偶尔也坐坐黄包车。

因为路程较远，有时父亲到学校上课，晚上回不去就借住在胡道文家，那时胡道文已经卸任回到昆明了。他家住在平政街，有两栋房子，就把父亲安排在前面的房子住，晚上两人还在一起谈谈学问、谈谈时事什么的。过了一段时间，父亲经吴宓介绍又认识了孙乐斋，孙乐斋也是个很有文化的人，两人谈得很融洽，不过是谈学问居多，孙氏信佛，一家人也都吃素。孙家住在青云路3号，就是现在的省文联，父亲有时也在他家借住，偶尔还在那里吃饭。

抗战胜利后，很多人要回北平，但北大、清华父亲是不想去了，后来中法大学邀请他回北平任教，安徽大学也曾经来信邀请父亲回去主持校务，都被父亲谢绝了，他留在了云南，留在了云大。那个时候熊庆来校长非常尊重父亲，西南联大不聘父亲，云大立即就高薪礼聘，给他的待遇比校长还高。熊校长差不多每个月都要来我们家，嘘寒问暖，对我们的生活起居照顾得无微不至，所以留在云大也可能是父亲不想辜负熊校长的心意吧。

昆明时局稍稳定一些后，我们就从官渡搬到了孙乐斋家，租住孙家的房子，住了一年多的时间，熊校长就专门给父亲在云大枇杷园建盖了三间房子，还有一间厨房。枇杷园实际上叫晚翠园，院门上还有胡小石先生题写的“晚翠园”几个大字，可能是因为里面有很多枇杷树，大家就习惯叫枇杷园。枇杷园住了几家人，一是杨桂宫家，一是方国瑜家，还有一位美国女士，我们经常称她为Mrs. Jean，在云大教英文的，解放后就回美国了。此外，还有张德光家、张友铭家、秦瓒家，他们都住在这个园子里。

这个时期，父亲除了教书，偶尔也为别人写点墓志铭之类的文字。我原来只知道父亲给四个人写过墓志铭。1945年给冯友兰的母亲写的一篇墓志铭，此事载于《冯友兰先生年谱初编》。给庾晋侯的夫人写过墓志铭。庾晋侯曾任过昆明市长，也是位园艺专家。给唐淮源写过墓碑。父亲对唐淮源很推崇，因为他是云南的抗日英雄。在磨黑时给张孟希的母亲写过墓志铭。后来查阅史料，才知道父亲还为范鸿仙写过行状，为张汇滔写过墓志铭。范鸿仙与父亲是好友，他亡命日本后加入中华革命党，后奉孙中山之命潜回上海，谋再举事。不料他的保镖遭人收买，深夜持刀行刺，致其身亡。父亲闻讯悲恸万分，亲自为其撰写行状。张汇滔系辛亥革命首义淮上军总司令，在“二次革命”中身先士卒，后遇刺身亡，国民政府为他举行葬礼时，特请父亲撰写了墓志铭。

此外，40年代蒋介石六十大寿时，卢汉通过熊庆来跟父亲说写一篇寿序，作为云南送给蒋介石的贺礼。父亲答应帮他写了，写好后还请昆明的一位书法名家书写成一本折子，拿到我们家盖了图章才送过去。除了给蒋介石写了一篇寿序外，父亲还给讲武堂的教务长李仪廷写过寿序，李仪廷威望很高，又是朱德的老师，父亲和他的关系也很好。

在帮这些人写墓志铭、行状以及寿序中，只有卢汉给了父亲一笔报酬，庾晋侯送了一些家具，张孟希送了一些烟土，其他人父亲分文未收。给张孟希的母亲写的时候，抗日战争正如火如荼，西南联大教授的工资都相当微薄，父亲也不例外，家里基本靠典当度日，父亲迫于生活需要才出此下策。给蒋介石写寿序时，父亲已经受聘于云大了，熊庆来给他的待遇很高，他给蒋介石写寿序帮忙的成分居多。现在有些人说父亲是靠卖文章为生，我觉得是不靠谱的说法，不敢认同。

解放后，父亲就戒烟了。父亲说以前抽烟，现在社会变了要戒烟。父亲戒烟的那段时间很辛苦，需要去找医生烧一些烟泡子，就是用大烟制成一颗颗像丸子一样的东西，每天早晚用开水进服，很受罪，但他还是坚持下来了。大概经过两三个月，慢慢减少，后来就戒了。在我印象中，刚解放的那几年，社会秩序以及整个精神面貌非常好，夜不闭户真的是可以做到的，人与人之间的关系也很好，除了镇压一批“反革命”以外，也没有搞更多的运动。那时坐火车也都是互相照顾，乘客在车上还争着打扫卫生，社会风气确实是让人感到舒心。当时父亲跟我讲，我们国家一百多年来一直被外国人侵略，现在共产党的领导下，能够扬眉吐气，帝国主义不敢来欺压我们，这个是最难得的事。那段时间父亲精神面貌很好，从思想上从内心里确实是对党对毛主席有一种很深刻的很好的印象。

1954 年，我考取了成都工学院，离家读书去了，以后的事情接触得比较少一些。期间，父亲给我的信中总说政府待他非常好，工作很好，身体也很好，鼓励我好好学习。我每次把成绩单寄回来他都特别高兴。我觉得我们家虽然只有三个人，但是过得很幸福，父亲和母亲的感情也非常好。母亲还是有点文化的，她从师范学校毕业，懂些古文，两人经常在一起谈诗论词，父亲还赠诗给母亲，亲笔题写“赠给秋华夫人”，父亲称母亲为“秋华”，母亲称父亲为“叔雅”。父亲对云南、对昆明很有感情，他觉得昆明的气候特别好，适宜居住。对于火腿本身他其实并不怎么喜欢，但很爱吃火腿月饼。他还很喜欢云南的黄金离胡桃，是以前的一种水果，现在很少了，偶尔也能见到，但很酸，以前的更甜些。

刘文典与儿子刘平章。

我曾经问过父亲两件事情。一是关于对鲁迅的评价。我问当时为什么很多人反对他？他说，我并没有说什么，我只是觉得鲁迅不应该跟那些人吵吵闹闹，与其把时间花费在吵闹上面，还不如多做点学问。他觉得鲁迅花费了很多时间跟人家打口水仗，和他弟弟周作人的关系也很冷淡，连亲情都不认，父亲对此有些不能理解。虽然父亲的观点是这样，但在搞民主运动的时候，显然是不符合时代潮流的，所以当时为此事受到很大的冲击。第二件就是给蒋介石写寿序的事。当时我还很小，根本不了解。后来有一次我从成都回昆明，便问起此事。父亲说他在安徽大学主持校务的时候，是为了维护学生的利益才跟蒋介石据理力争的，其实俩人之间并没有什么人的矛盾。在抗日战争时期蒋介石领导大家打败了日本帝国主义，他是有功的，为什么不可以给他写寿序呢？父亲说，个人恩怨虽然瓜落结藤，但绝不记这些东西。这两个重要问题，是特别问他的，而平常我们在家里很少听父亲谈论张三李四的长短。

1956 年，父亲被评为一级教授，又当选为全国政协委员，去北京开会。这段时间父亲心情舒畅，精神状态也很好。在北京开政协会议回来后跟我讲了两桩事情。一桩是他见到了周作人。不开会的时候父亲爱到北京图书馆去看书查资料，在门口遇到了周作人，当时是 3 月份，北京还很冷，周作人看起来很不自在，低着头走进去，父亲主动和他打招呼，两个人寒暄了几句，没有提及以前的事情。因为七七事变后，周作人曾经到我们家来劝父亲去北京大学，被父亲婉拒了。父亲就说："你看这个人啊，一定不能当汉奸。我现在到北京受到什么样的待遇！这么重视我，给我坐汽车，而他是走着路去的。"他说做人一定要讲气节。另一桩事情讲到章士钊。章士钊跟父亲关系很好，他们以前就是好朋友。因为章士钊早年曾经资助过毛主席他们组织的勤工俭学活动，毛主席念旧情，很关心他，也请章士钊作政协委员。开会时他们坐在一起，郭沫若从他们旁边经过，低着头就过去了，章士钊好像对郭沫若并不感冒。政协会上见到很多老朋友，像卫立煌、邵力子、张奚若、华罗庚，等等，父亲还跟卫立煌合影留念，可惜那张照片在"文革"中被毁掉了。

1957年"反右"的时候，我还在成都上学，详情不是很清楚，加上父亲也没有跟我讲太多，我还以为没出什么问题，直到后来云大刘兴育老师给我看了当时的一些资料，我才晓得父亲最后还是受了冲击，不过当时整个情形就是那样子。1957年底我放寒假回到了昆明，有一天父亲突然吐血，我就急忙陪他到南屏街甘列明私人诊所去看病，照了X光片，好像当时也没有发现什么问题。到了1958年4月份，母亲说又吐血了，情况不容乐观，没多久父亲就去世了。

据我夫人回忆，她当时在昆明工学院读书，我父母住在云南大学新村3号。她从昆明工学院出来，经过教学大楼前面的土堆就是我家了。那时我们还未结婚，父亲煮点牛肉或其他什么的，就会叫她来吃。50年代家里还没有电话，父亲便写信给她，信封都是用毛笔写的，所以她到收信处一眼就能认出来，是父亲又叫她去家里吃饭了。父亲过世那天晚上，我夫人正在上晚自习，家里的保姆去找她，说父亲不在了，她就赶紧过来。因为那时我还在成都上学，那一晚家里只有母亲、我夫人和保姆三个人守着他。第二天她去上课做化学实验时，旁边的助教说"国宝不在了"，她听着很不舒服，心里很酸，几欲落泪。

接到父亲过世的消息，我立刻赶了回来。当时在云大开追悼会，大概有一两百人参加，追悼会由白小松先生主持，白先生是位民主人士，时任省政协副主席，曾做过龙云的秘书长。1958年回来的时候感觉比较乱，没多久我毕业分到了昆明。而母亲隔了一年后，觉得在云南容易触景伤情，便回安徽老家去了。

二、父亲的为人

我父亲是一位深爱自己国家的人，很有民族气节。记得七七事变以后，有人来动员父亲去伪北大教书，父亲不去。他情愿放弃家里用着几个人的优越生活，只身一人，从北平坐车到天津，然后从塘沽坐船经过上海、香港到海防，从海防再坐火车到云南蒙自。父亲跟我讲，他到蒙自的第二天早上，见到国旗升起，他深深地三鞠躬，他说，已经一年多没有看到国旗了。我觉得从父亲写的对日本发动侵略战争的分析文章以及他翻译的东西来看，应该看出他对国家的热望，对日本侵略者的那种仇恨。他觉得日本侵略者不仅要从肉体上消灭我们，而且还要从精神上奴役我们，要把我们整个中国的文化全部推翻掉，用它的文化来替代，这是他最不能容忍的地方。在这方面，他写了很多文章。

他作为一个文人，而且年纪大了，不可能拿枪，只能靠笔杆子唤起民众对日本侵略者的愤慨。九一八事变之后，父亲打算翻译日本陆军大臣荒木贞夫《告全日本国民书》（天津《大公报》，1933—9—18. 11），当时有很多人反对，觉得父亲“不应该长他人志气，灭自己的威风”，而父亲不这样看。他觉得“这些爱国志士连‘知己知彼’的古训都忘记了”，“自从沈阳事变发生以来，当局和民众把日本误认为一个欧美式的现代国家，以致应付无方，把国事败坏到今天这样，推原祸始，全是由于对日本的认识错误”。因此父亲“更觉得自己责任的重大，不能不愈加努力了。所以敌人的飞机在我们头上飞翔的时候，我在下面笔不停挥的一气把它译完”。[1] 此书翻译出版后，社会影响极大，很多书店都供不应求。七七事变之后，父亲写了《对日本应有的认识和觉悟》一文（《云南日报》，1942—11—27. 2），以他早年在日本的经历和对日本文化的了解，敏锐地指出日本当局的狼子野心——“其布置的周密，计划的深远，处处都可以看得出他是早已处心积虑的在那里打算，决不是现时当国的几个人逞一时的意气，冒冒失失的把国家作孤注。”并大声呼吁国人“因这会的创痛而愤然觉悟，团结一致，御侮救亡”，而不是对于日本统一全世界，“将信将疑”，甚至“摇头冷笑”。[2] 抗日战争胜利后，他还写过一篇《日本败后我们该怎样对他》的文章。文中详细分析了日本战败后我们应该怎样对他，是把他们全部杀光，还是其他？他建议中国政府要把琉球群岛拿回来，这样才对我们国家发展有利。现在琉球群岛被他人占着，对我们有威胁，父亲当时就分析了这些问题，是很有远见的。

抗战中父亲很勤奋。在那种困难时期上课需要步行，我们住的地方离学校较远，一天要走十多公里来教书，但父亲一直坚持。对于学生，父亲的态度也不像外人谣传的那样不负责任。父亲是我夫人的干爹，我夫人曾经问过所谓“踢试卷”的事。她说：“干爹，人家说你批试卷是睡在烟床上，把试卷堆起来一脚踢过去，踢得最远的那份试卷分数最高，真有这回事吗？”父亲笑了笑，只是说：“干女儿，我如果是像这样教书，哪个学校还敢聘请我？”几句话已把情况说清楚了。

父亲对一些弱者也很关怀和同情。解放前，有一次父亲从云大出来，远远看到一个人躺在大门旁的墙边上，好似叫花子的模样，奄奄一息，父亲见状便马上过去问他，他没有力气回答。父亲便让家里的佣人送了一碗饭给他，还跑到青云街的警察局里，亲自去找警察局长，后来他们确实派警察把那人带走了，具体怎么处理就不得而知了。这件事对我的触动也很大。

父亲对我的学习要求并不刻板，而是让我自由发展。我对文科没有太多的兴趣，更喜欢数理化一些，数学成绩在学校一直名列前茅，父亲从来没有说让我继承或学他的东西，他让我愿意学什么就学什么，他觉得学理工或许还可以为国家多做些贡献。虽然父亲对我学习上的选择态度温和，但是对我的品行要求很严格，绝对不能讲谎话，只要讲谎话一定是要被痛斥的。他教育我做人要诚恳，不能随便批评别人，要诚信，要遵守诺言，从小父亲就给我灌输这种思想，让我终生受用。

父亲在生活细节上对我要求很严。他觉得人应该站有站相，坐有坐相，吃饭不能有声音，不能吵嘴或干其他的事，他最讨厌别人随便蹲在那里就吃饭。父亲的字写得不是很好，是什么原因呢？他说小时候他有一个欧洲小人玩具，按一下就会撒尿，里面用来装墨水。后来这个小玩具摔坏了，从此以后他就没有心思再练字了。父亲还说过一件事，他的一个学生，老师问他问题，每问必答，而且对答如流，结果有些同学就很嫉妒。通过细心观察，有学生发现他回答问题时，手就捏着扣子，后来他们就把那个扣子给剪掉了，老师再叫他，他摸不着扣子，从此以后他就答不上来了。父亲说这些都是不好的习惯，不能养成。

父亲的性格其实很开朗。有时候他下课回来，路过家门前面的那个小院子，常常会有很多小孩在那里等他，六十多岁的人了，还和小孩子们在草坪上滚着玩耍，我夫人担心他闪着腰，便提醒他注意，他说不怕，仍和小孩们在草坪上玩。父亲很喜欢小孩子，小孩子也喜欢跟他玩，小孩子爬树时父亲会喊他们下来，小心跌倒，还给他们买糖吃。据我夫人说，有一次云大老师们的小孩在礼堂里表演节目，邀请父亲去，父亲很认真地去理发，回来还洗澡换了衣服。我夫人说，去参加小孩子的节目怎么也要换衣服理发？他说，你看看全云大，就请了我一个教授，其他教授除了家长外没有请一个，我得打理得整整齐齐才行，他很清楚小孩子们请他去的意义。所以，说他"狂"或许是有的，但是他也很有人情味。

在我夫人看来，现在有些关于父亲的传说完全是些莫须有的"罪名"。她去我们家，最喜欢、感受最深的就是很温馨。她说，冬天的时候，干爹干妈一边坐一个沙发，前面摆着一盆炭火，两人吟诗作赋，你一言我一句，真有趣。我们都是学工科的，诗词文章懂得不是很多，但那种气氛，确实让人感到很温暖。我夫人跟我父母相处的时间很长，她在我们家也没听见父亲随意批评别人。

三、父亲的处世

父亲对他学生是很爱护很关照的。陶光是父亲在清华时的学生，1947年陶光到云大教书后，和我们家关系很密切，我现在还保存着几张他与父亲在大观楼和翠湖的合影。陶光时常约我父亲去看滇戏，一来二往父亲就喜欢上了滇戏。他说在云南要看滇戏，看京戏反而还不地道。就在看滇戏的过程中，陶光认识了滇戏名伶耐梅，并对其渐生好感。陶光后来要跟耐梅结婚，父亲没有反对，还帮忙成全。当时耐梅惹上了戏班子里的黑道势力，怕结婚当天出什么事，父亲就特地把庾晋侯请去了，当时庾晋侯在昆明还有一定的威望。婚宴就摆在商务酒店，当天平安无事。陶光和耐梅结婚的第一天住在酒店，第二天没有地方住了，父亲就向孙乐斋租了一间房子给他们。我记得他们搬进去的时候，还在门上挂了点红，披了些彩。不到一个月的时间，他们就搬到了翠湖边杨希闵的故居去住了，一直到离开昆明去了台湾。

吴进仁比陶光晚一辈，那个时候好像他大学还没毕业，经常来家里向父亲请教问题，还帮我补习功课。记得在“九九整肃”的时候，吴进仁不知道因为什么事情被冤枉，抓了关起来。父亲得知这一消息，马上跑去警备司令部，说这是他的学生，没什么问题，你们赶紧把他放了，警备司令部的人还是比较尊重父亲的，给父亲行礼，立马就放了吴进仁。解放后，父亲还帮吴进仁和孙乐斋先生的二女儿撮合，由我母亲做媒，两人成了婚，婚后还生了一个女儿。吴进仁结婚时，父亲专门写了几首诗以示祝贺。《壬辰中秋进仁结婚诗以贺之》（四首）：一、“天上吴刚得意初，高才谢女擅诗书。清光三五团圞夜，玉润珠圆月不如。”二、“鹤舞鸾吟下凤城，玉阶月色净无尘。试看天上姮娥影，始识神仙剧有情。”三、“不羡温家玉镜台，星娥月姊漫相猜。天孙惯织云盘锦，合配陈王八斗才。”四、“凉露无声湿桂花，高烧红烛对仙葩。玉绳低亚银河浅，共倚薰笼玩月华。”（1951 年）

父亲对自己的学生，不仅指导他们做学问，在生活方面包括他们的婚姻也都很关心。

当有人遇到危难，父亲会伸出援手。1928 年父亲主持安徽大学的时候，有一天国民党安徽省党部忽然通知他，说一个王姓学生系共产党，应密切监视。父亲于当天下午就将王某叫到办公室，询问情况。王某初不承认，但因省党部证据确凿，只得道出真情。父亲当机立断，动员王某迅速离校，还派专人将其送上了大轮。当天夜里，省党部干事与便衣特务便来安大逮捕王某，一无所获，再询问父亲及其他人，都推说不知去向，王某就这样逃过一劫。听我母亲说，陈独秀出狱后躲在我们家，后来是由李大钊接走的。母亲还说，在宋教仁被刺杀的前天晚上，有人敲门，父亲一开门，那人就一枪打来，打到父亲的膀子，后来那人一看找错人了，便掉头跑了。当时父亲跟宋教仁和范鸿仙在一起搞活动。父亲对李广平也给予过帮助。李曾担任过卢汉的秘书，1956 年因为“卢汉秘书”的身份被当作反动派抓了起来，关进省二监。当时他的身体很不好，监狱生活更是严重损害了他的健康，他便写信给父亲。父亲接到他的信之后，立马四处奔走，把他保了出来，并为他找了一个住处，还准备把他介绍到昆明师院教书法和绘画，可惜李广平在随后的政治运动中没能撑下来，最后抱病而终。

在我们面前，父亲不怎么谈自己的事。比如为什么要从联大到云大，或是其他什么的，我就没有听他说起过。在父亲过世后，大概是 1973 年或者 1974 年的时候，我回安徽老家探亲，有时晚上没事，就和母亲在房间里一边烤火，一边听她讲关于父亲的一些事情。她也只跟我讲了几件事情，而且还让我不要随便说出去。一件是关于闻一多先生的事情。母亲说那个时候闻先生想到清华任教，父亲当时是代理系主任，闻先生经常到我们家来，后来父亲就同意了聘请闻先生。她还说到陈独秀的其他一些事情。在上海的时候，陈独秀跟我们家关系很好，他又是父亲的老师，父亲很敬重他。有一次，陈独秀到莫斯科开会，为了安全起见，他就把多余的文件让母亲埋在我家的院子里面，开会需要的那些材料，就由我母亲装在小箱子里面，陈先生在前面走，母亲提着箱子跟在后边，保持一定的距离，以免被人发现。等他上了火车，母亲就进到火车站，确定没有事，周围没有什么人了，才把箱子交给他。那时陈独秀曾经劝我父亲、母亲参加共产党，他们没有正面答复，因为当时父亲对政治已经不是很感兴趣了。

1954 年，全国开展批判胡适思想的运动。在云大的批判会上，父亲自始至终没有提到胡适两个字，他觉得胡适是他非常要好的信得过的朋友，他绝不会那样做的。刘师培过世后，是父亲把他的灵柩送回家乡的。当时刘师培出于某些原因，名声有点不好，过世了大家好像也不很悲伤，无动于衷。父亲租了一条船，把他的灵柩放在上面，亲自从江苏这边把他送回家安葬。这个事情原来我不知道，是《狂人刘文典》作者章玉政找到资料跟我讲的。在成都，我跟着父亲去拜访谢无量先生，见面他就说："老师，我带我儿子来看您了。"他让我叫太老师，要我给太老师磕头。他尊重老师和长辈的言行，我印象很深刻，受益匪浅。我觉得老一辈虽然经历了阶级斗争和政治运动的冲击，但是他们的人品道德，他们的一些思想信念，比如"一日为师，终生为父"的这种感恩理念是值得我们学习的，还应该发扬。

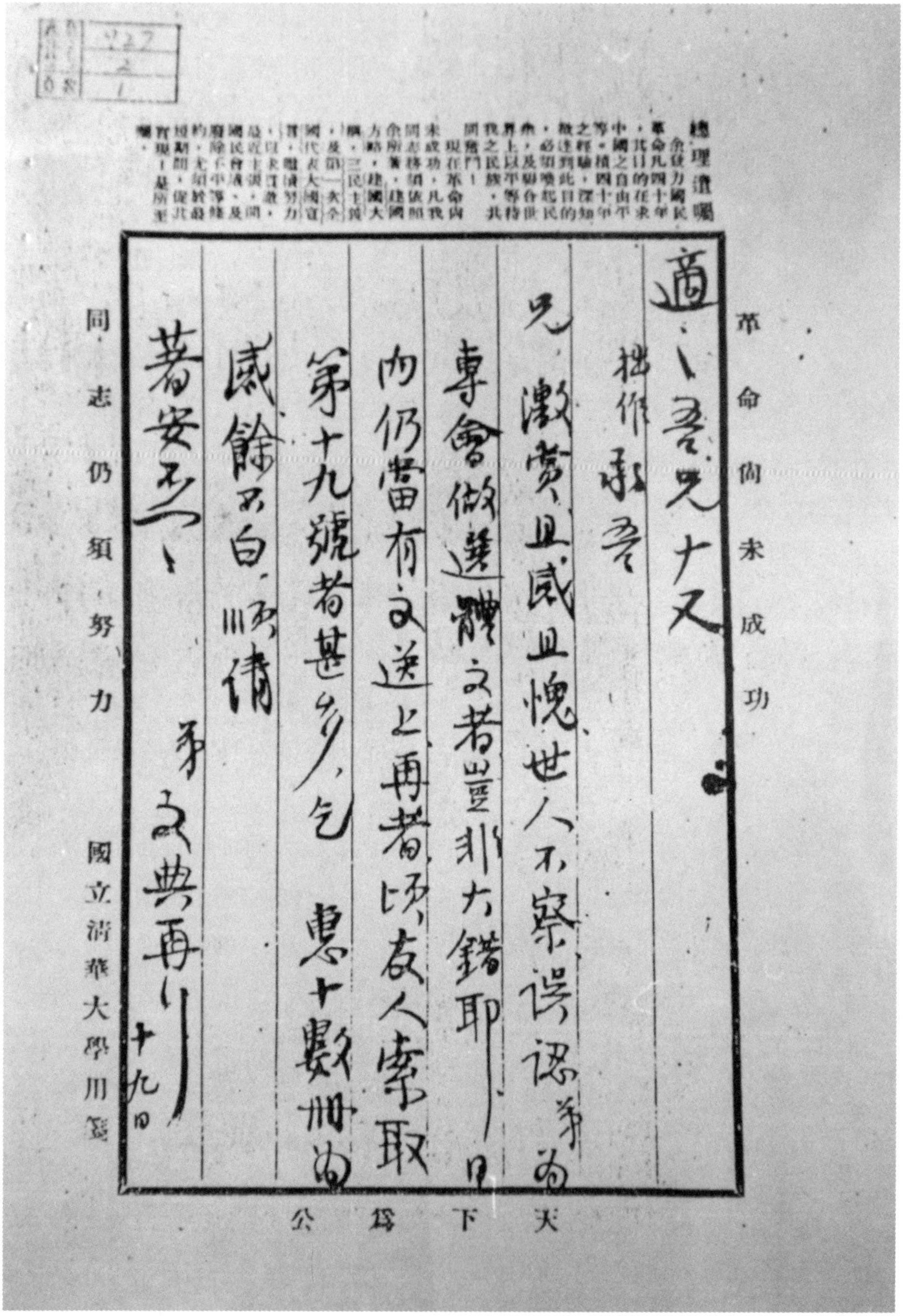
總理遺囑

革命尚未成功

適之吾兄大叉：

拙作承吾兄激賞，且感且愧。世人不察，誤認弟為專會做選體文者，豈非大錯耶？且內仍當有文送上。再者頃友人索取第十九號者甚多，乞惠十數冊為感。餘不白，此請著安。

弟文典再上
十九日

同志仍須努力

國立清華大學用箋

天下為公

刘文典与胡适书信。

父亲曾跟我讲，他见过毛主席两次。一次是在北京香山的碧云寺。当时父亲还在北大和清华教书，放暑假时，情况好点儿就到碧云寺避暑，也好看书。那天父亲和母亲正在小院子里坐着，看到了毛主席的岳父杨昌济先生，即杨开慧的父亲，他也是北大的教授，毛主席是来看他岳父的。父亲说看到毛主席时，他还穿着一件很旧的灰布长衫。那时父亲已经知道他是共产党了，还跟母亲说，这是毛泽东，是共产党。这是在毛主席还没有当政前见过的一次。再就是解放后在政协会议上见过一次。他说那天因为说到超英赶美之事，他和华罗庚两人在向毛主席敬酒时表态，说要在中国文学和数学上超过英国，当时的形势也就是这样。

说到这里，就不能不提一下沈从文的事情了。我夫人把她查到的资料作了些考证。沈从文在昆明的那段时间，住在丁字坡旁边，也就是以前的唐公馆对门，而我们家住在龙翔街。住在丁字坡的人跑警报，往往是跑以前的英国花园或现在的圆通山后面。我们跑虹山，他们两人是不会遇到一起的，而且我们没跑几次就搬到了官渡。我觉得那时敌机要来了，大家都是慌慌张张地跑，一个人遇到另一个人还能说出“你跑什么？我跑是为……”这样的话，估计那已经不是一个正常人了。不知道是谁编出来的这个故事。而且沈从文评教授的时候父亲已经离开联大到了云大，所以并不存在这个问题。

吴宓跟我父亲的关系很不错。从吴宓的日记来看，当时父亲准备在云南成立国学研究院，极力推荐吴宓来做主任，经费方面，父亲建议找商界的人来赞助，这件事还没办成，就解放了。还有 件事情，吴必的日记里写得不准确。解放后中苏关系非常好，苏联汉学家爱德宁来中国访问，父亲作为古典文学家，政府安排他去翠湖宾馆见了几次爱德宁，好像还送了他一套书，两人相谈甚欢，爱德宁邀请父亲到苏联去讲学。后来父亲到成都时还跟我讲过，等他去苏联时，让我陪他一起去。当时父亲刻了一个图章，准备带去送给爱德宁。吴宓好像说父亲有点吹嘘之意，他不相信有这个事情，实际上确有这个事情。我在家里还见过一个石头图章，上面刻着“爱德宁”三个字。但是后来中苏关系恶化了，未能成行。

四、父亲对待学问的态度

父亲对于学问是很严谨的。记得我读中学的时候，有一篇课文是鲁迅的《孔乙己》，父亲说你们现在读的都错了，应该读孔乙“si”，不应该读“ji”，还引经据典来说明。后来，他还说过一句话：矛盾了，怎么说矛盾呢？应该是矛“shun”。这么多人读矛“dun”，他自己知道应该是读矛“shun”。他似乎对字的读音很重视，也很较真。

听母亲说，父亲做学问很投入。父亲大多是晚上做学问，他觉得白天不太安宁，一般从晚上9点钟后开始，做到天亮以后才睡觉。中午我母亲做好饭，把父亲叫起来，他还是迷迷糊糊的，我母亲夹菜给他说叔雅吃这个、叔雅吃那个，此时父亲就是个晕晕叨叨的人，在朦朦胧胧中吃饭，就靠母亲把菜夹到他碗中。那时在大学都是以学术立足，一位教授如果在学术方面没有什么成就，是会被别人非议的。一个毛头小伙子做点翻译或写点感受之类的，难登大雅之堂，必须要有一两部有影响的学术著作才行。压力成了动力，父亲就拼了命地做学问。父亲曾经为了一种资料专门跑到日本去。当时北大规定，教授任期满五年可以休假，也可以出国，他就到日本看书查资料，还专门写了首诗感慨这件事。

很多人说父亲狂，我觉得叫作自信或许更确切些。我曾听父亲说过：“我的名呢，就是在校勘学方面可以留名五百年，五百年之内可能没有人超过我。”父亲的《淮南鸿烈集解》和《庄子补正》都在台湾出版了，并且多次再版。中华书局及其他出版社也在出版。知名大学的图书馆都藏有父亲的这两部书。只要是研究《淮南子》和《庄子》的学者，都会把父亲的这两部书作为必备的参考书。美国的一些名校对父亲的这两部书也很看重。记得有位云大外语系的教授，他的学生在美国一所大学里面看到了父亲的这两部书，还专门翻译过来给我们看，说明父亲的学问在国际上也是有影响的。

解放以后，父亲看到中国人扬眉吐气，看到中国大地一片欣欣向荣，加之他又参加了政协会议，受到毛主席的接见，心情很好，对于研究学问更是兴致盎然。当时云大在王九龄故居里专门给他备了一间工作室，父亲潜心撰写整理

《杜甫年谱》和《王子安集校注》，可是初稿刚刚出来，政治运动便扑面而来。父亲白天挨批斗，晚上写交代材料，残酷的精神折磨严重摧残了父亲的身体。有一次批斗会下来，父亲两膝无力，久坐不能起，最后还是由吴进仁搀扶着，才颤巍巍的回到家里，母亲将父亲迎进屋时，忍不住掉了眼泪。在这样精神和身体的双重折磨之下，父亲最终没能撑下去，1958 年 7 月便与世长辞了。父亲去世以后，他所编写整理的《杜甫年谱》和《王子安集校注》经过一番周折才回到我们手中，后来请张德光先生负责整理出版，可惜原稿在“文革”中被毁掉了。幸好《杜甫年谱》的手抄本（残本）被吴进仁先生保存下来，目前正在整理出版中。

父亲辞世之时，政治运动正在进行，大环境让人无可奈何，熟识父亲的人还是会忍不住扼腕叹息。据 1962 年 6 月云南大学党委办公室《情况反映》附件“部分老教师对于团结大会的反映”记载，中文系教授张为骐说：“刘先生的死，也是死得冤冤枉枉的……他不死，他说过五年内要拿出两部书来，一部是校勘方面的，一部是《论〈文心雕龙〉》，由他、我同吴进仁三人来搞，他不死，不是可以著出两部书来，那是多大的贡献！”体育教研室杨元坤教授说：“在运动中，把刘文典当成权威来打。在学术上只要有真本事，能成权威是好事，为什么要打倒呢？这令老教授感到寒心。”经济学教授秦瓒也说：“最可惜的是叔雅，他那时年纪还不到七十，精神也很好，不死可以活到现在，他也是有名的学者，校勘学是没有人超过他，还长于子书，诗都是其次，不说在云南找不出，在国内也找不出几个来。”这是专家学者们对于父亲死于政治运动中的感叹，也是对国学大家离去的惋惜。

斯人已逝，空余怅惘。

对于已经过去的历史，我们无力更改，只希望能够以史为鉴，不要让那些历史重演，从而让更多具有学术影响力的学者教授能够为国家建设做出更多的贡献，而不是空留遗憾。

特稿

陈独秀与托洛茨基：两个大起大落的历史人物

冰云

作为历史人物，陈独秀和托洛茨基的生平有一个惊人相似的现象：在他们的生命中，有一个明显的转折点——在这个转折点之前，他们是振臂一呼、应者云集的英雄，他们的每一项重大作为都会明显地改变历史面貌，并且不断赢得世人的阵阵喝彩；然而，过了这个转折点之后，他们却变成了无足轻重的人物，他们活得越长久，活动越多，受到的打击就越多，他们在一般世人心目中也就越被描绘到反面。

叙述陈独秀的生平，提及他与托洛茨基的关系是极有必要的。这不仅因为托洛茨基是世界各国托派组织的精神导师，而陈独秀是中国托派中最知名的领袖，更重要的原因还在于，托洛茨基对陈独秀的思想及后半生命运产生了极深刻的影响，从某种角度来看，是托洛茨基改变了陈独秀的人生历程。

20 年代末，在托洛茨基的影响下，陈独秀再次燃烧起了革命激情，并且惊喜地以托洛茨基主义为旗帜，向着自己认定的目标勇往直前。与此同时，托洛茨基也认识到了这个在中国名声显赫的革命家站在托洛茨基主义旗帜下所蕴含的重大意义。自此以后，共同的遭遇和事业让两人在感情上都对彼此保存着真诚的尊崇和在患难中建立起来的惺惺相惜的特殊情谊——尽管他们并没有过深的个人交往，甚至终生都没有见过面，只是通过报刊和断断续续的通信得到对方的确切消息和政治动态。

如果说在 20 年代末直到 30 年代中期，托洛茨基关注陈独秀的政治动态和个人状况，更多的还是看中他的政治声望和政治经验，希望他在整顿、发展中国托派事业方面发挥无可替代的作用的话，那么，从30年代后半期起，随着陈独秀与中国托派思想上和组织上的渐行渐远，他对陈独秀的关注，则更多的是出于一种对老朋友的私人性质的关心（自然也包含着对他在思想上能与自己趋于一致，并且发挥政治作用的期待，但这种政治上的用心此刻已经明显退居次要位置了）。

至于陈独秀，自1929年笃信托洛茨基主义后，就严格按照托洛茨基的指示，殚尽心虑地奔波于中国托派的统一和发展事业。他也始终对托洛茨基保持着尊重的态度，即使对他的某些政见无法赞同，也从未对他出言不逊。1932年被捕入狱后，他仍与中国托派保持着密切的关系，并且在最初一段时间仍保存着参与政治的浓厚热情，而他对托派事业及托洛茨基的关注之情也未曾稍减。

对于经历过从“时代骄子”沦落为“国民公敌”的反差极大的人生历程的陈独秀来说，他深深体会过世态炎凉、遭人白眼、被人误解欺辱的个中滋味，因此，当他看到流亡在外的托洛茨基遭遇种种刁难的新闻后，愤愤不平，1934年，他满带情绪地给托派国际局写了一封信：

> 从报纸上见到托洛茨基同志遭受法帝国主义的种种刁难，又见到斯大林主义者的所行所为的如何反动，我感到非常悲痛。斯大林的官僚党制已经摧毁了共产党的活力和精神。他已经把各国共产党的真正领袖代之以他一己的走狗。他在中国所扶植的“领袖们”，甚至还不是他本人的走狗，而是他手下人米夫的走狗。西方的无产阶级多半不会知道，这些“领袖们”的斗争只是为了要控制党的机关。斯大林在替全世界的资产阶级服务。[1]

这封信表达了他对托洛茨基的关注和无限同情，尽管他的信对改善托洛茨基的境遇不可能发生任何作用，但对于身处逆境的托派来说，发自心坎的支持和理解才是最为重要的。“不要哭，不要笑，只要理解”，这句斯宾诺莎的格言不仅为托洛茨基所欣赏，也是托派成员自勉及相互勉励的人生戒条。

在表达了对斯大林的愤慨和对托洛茨基的无限同情之外，这封信中透露出的另一个信息也是不容忽视的：对当时苏联性质及斯大林的态度，陈独秀逐渐与托洛茨基等人产生了越来越大的分歧。

很长一段时间里，陈独秀强调的是斯大林等人执行的政策违背了十月革命精神和列宁的遗教，因此，他将斯大林与托派的斗争归为两条政治路线的斗争，并致力于真正的无产阶级路线（自然是托洛茨基主义）在苏联及共产国际的恢复，致力于"救护十月革命"。并且在某种程度上，他仍旧承认苏联是实行无产阶级专政的国家，他的感情还是站在这个国家及其施行的政治制度一边的。

但这封信表明，随着对苏联所作所为的愤慨、绝望和深刻思考，陈独秀已经开始质疑苏联仍是"工人国家"的观点，他尖锐地指出："在苏联，斯大林的个人独裁正在代替无产阶级及其先锋队的专政。所谓'工人国家'与苏维埃政权只有名义上的存在。"他还提出，"必须反对以为斯大林政制尚能改良的那种幻想"。[2]他的新观点，不仅与正统马克思主义不同，就是与托洛茨基仍将苏联定性为"工人国家"的看法也是大相径庭。相比于陈独秀，苏联毕竟是托洛茨基和列宁亲手缔造和捍卫的，他的感情自然要深厚、复杂得多，因此，即便面对种种现实，他不得不承认苏维埃国家经过二十年的发展，"官僚不但没有销声匿迹，让位于民众，反而变成一种毫无监督的力量统治着民众"时，他仍坚持这个"工人国家"具有双重性质，他只承认苏联共产党发生了官僚化的堕落，这个国家也堕落为带有"极权主义的官僚主义性质"，但他并未从根本上否定这个国家还存在可以挽救的积极方面。[3]甚至到了 1939 年，托洛茨基在《再谈苏联的阶级性质》一文中仍以比喻的方式说道："打个比方：一位修理工检查汽车。开车的强盗于糟糕的路面飙车多时，以逃过警察追捕，结果把车折腾得七零八落（车厢撞烂轮胎变形、发动机毛病丛生）。显然，工人师傅有理由骂一声：'这哪儿是车，分明一堆垃圾！'类似的呵斥表达了工人师傅对司机的愤慨，但与科学分析无关。一旦开始修车，维修者必须从基本事实出发——'垃圾'的本质是一辆破损汽车。他会区分损坏与完好的零件，以决定从何着手。这便是觉悟工人对苏联的应有态度：他有权斥骂当权集团把工人国家变成'一堆垃圾'。一旦开始解决政治难题，冷静下来的无产者只能被迫承认自己面对一个'破损严重'的工人国家；后者的经济马达故障频繁却仍在运转，换掉一批零件会彻底复原。以上仅是比喻，但却是——毫无疑义！——值得思考的比喻。"

陈独秀自1937年出狱后，身居遥远的墨西哥的托洛茨基始终惦记着这位经历牢狱之灾的老斗士。当时，不仅中苏两国恢复了外交关系，就是殊死厮杀近十年的国共两党也暂时握手言和，共御外辱了。因此，托洛茨基担心与国共、苏联都存在恩怨的陈独秀会有生命危险。他在1937年8月11日与李福仁（C.Frank Glass，参与中国托派活动的南非籍美国人，与托洛茨基有较多通信来往，相当于他和中国托派的联系人）的谈话中认为，斯大林与蒋介石的"盟约一签定，他们将杀死陈独秀"，因此他指示李福仁："我们一定要为他发起一个运动，你可以发起这个护陈运动。"[4] 托洛茨基对陈独秀可谓关怀备至。

托洛茨基认为陈独秀"会有生命危险"，并非无的放矢或是出于对斯大林的偏见而"以小人之心度君子之腹"，他更多地是根据对斯大林为人处世风格的了解，以及自己在流亡过程中多次遭到各种反托势力刁难、排挤，甚至多次被暗杀的经验来推断陈独秀的处境的。

自被驱出苏联后，托洛茨基始终处于艰难、危险的生存环境中。1937年1月，苏联最高法院开庭审讯所谓"托洛茨基反苏平行总部案"，托洛茨基及其儿子谢多夫作为"人民公敌"被指控为是各种针对苏联的阴谋、破坏、暗杀活动的主谋和指使者；1938年3月，莫斯科又开始审判所谓"右派和托洛茨基联盟案"，托洛茨基父子又被指控为同希特勒、日本帝国主义勾结，他们不仅被指控暗杀了基洛夫和企图谋害斯大林等人，还谋害了高尔基、斯维尔德洛夫等人。正因为与斯大林处于针锋相对、不依不饶的位置，托洛茨基成为权倾共产主义世界的斯大林的眼中钉，斯大林时刻图谋将其予以铲除，从而使得反对他的声音从地球上消失。

至于陈独秀，国民党出于安全考虑，再加上胡适、张伯苓的保释，在抗战爆发后就提前将他释放，并且不再用对待政敌的残酷手法对待他，更多地将他当作一个支持抗战的社会知名人士，但国民党也不时派人监视他，绝不愿给他提供一个在政治上发挥作用、乃至重新崛起的机会。他出狱不久，党内就发起了一场指斥他和中国托派为汉奸的风波，在当时相信这一说法的人就没有多少，但多数人出于种种考虑，不但不愿出面为他洗刷冤屈，甚至顾忌党内感受，彻底断绝了与他的关系和来往。

因此，尽管陈独秀与托洛茨基一样，都是不受主流社会欢迎的“异类”，但陈独秀的处境要比托洛茨基安全得多。不过，这不是说托洛茨基的担心是多余的，而是因为国共两党此后均已明了陈独秀退出政治的态度，他们自然不会为一个根本不再对他们的政治活动造成干扰的人物而大动干戈。

1937 年 11 月，李福仁致信托洛茨基，他在将陈独秀的抗战主张告诉托洛茨基的同时，还表示了自己支持中国托派临委书记刘家良等人与陈独秀决裂的态度。12 月 1 日，托洛茨基在回信中说：“对于我们中国朋友的态度，尤其是对陈独秀的态度，我们应该避免作出鲁莽的判断。”[5] 他指出：

> 我们不应该通过非常鲁莽与非常严厉的手段来和中国朋友们决裂……如果他们现在跨错了一步，同时却不曾跟第四国际破裂，我们一定要用友好的与耐性的态度来批评他们。[6]

托洛茨基不可能觉察不到陈独秀与中国托派之间的分歧，但他却始终不愿中国托派与陈独秀公开决裂，他自己更没有撰文指责陈独秀（出于政治见解的不同，托洛茨基曾多次与自己的追随者公开决裂，而这些人很多都比陈独秀与他的关系更加密切），他所做的，反倒是批评与自己观点接近的中国托派，竭力维护与自己分歧更大些的陈独秀。而这，不能不与他对陈独秀饱含着独特的敬重之情有关。

同时，托洛茨基也不同意李福仁所说的，陈独秀是“投降”后才获释的猜测，他完全同意李福仁说的，“斯大林派现在可能要暗杀陈独秀”的想法，因此，他仍然希望陈独秀能离开中国，他说：“正为了这个缘故，我相信他最好能到美国或墨西哥来。”他要李福仁以他的名义，立即给陈独秀去信谈谈这个问题，他认为：“这对陈独秀来说是一个生死问题，对第四国际说则是一个巨大政治意义的问题，至于他能参加（第四国际）大会所能带来的好处，那就更不必说了。”[7]

由于对陈独秀的处境始终放心不下，1938 年 2 月 5 日，托洛茨基再次致函李福仁，催促他设法将陈独秀“弄到美国来”，他坚持认为，陈独秀呆在国内会有生命危险：

> 如果苏联参加战争……到那时我们的所有同志会被消灭。我们必须在这个意义上对他们提出毫不含糊的警告。让陈独秀出来，无论对于他或对于我们，同样是很重要的。他在第四国际中可以起片山潜在莫斯科给第三国际所曾起过的作用——而且，我希望陈独秀还能比片山潜给革命事业带来更多好处。[8]

为了帮助陈独秀出国，托洛茨基还热心地向李福仁提出了他的建议：“他可以出国宣传，使外国工人运动赞助中国为理由，要求当局授权放洋。”[9]

1938 年 6 月 25 日，托洛茨基得知党争诬陷陈独秀是“日本间谍”及陈独秀一面反对托派临委，一面又拒绝发表“脱离托派”的声明后，他又写信给李：

> 我非常关怀的问题是陈独秀的人身安全。这是一个重要的政治问题。我毫不怀疑斯大林派会在战争期间暗算他。……陈独秀如到美国，能为中国的反对日本帝国主义展开很有效的宣传。他以一个真正的中国人、一个老革命家、且以一个独立的政治家资格来进行这种宣传，对于美国工人所能发生的影响会比莫斯科的代理人们所能发生的要大到一千倍。……陈独秀对我们中国支部保持很谨慎的态度，我绝对能够理解。他在中国太出名，他的每一步行动都受着当局的管制。[10]

尽管托洛茨基多次热心地邀请他出国参加第四国际的领导工作，但陈独秀还是拒绝了他的好意（他此前也拒绝了老友胡适安排他前往美国写作自传的邀请和王凡西等托派成员希望他前往香港的建议）。他始终认为，既然从事抗战工作，无论如何就应该坚持留在国内。[11]

在全民抗战的浪潮席卷各地，大多数党派都开始调整政治策略时，中国托派却依旧我行我素，坚持着自以为无比正确的激进立场。而这，除了托派成员的教条性外，也不能不与托洛茨基的指示有关。

抗战爆发后，国共两党经过多次针锋相对的艰难谈判，终于就第二次国共合作达成协议：中共改编红军为国民革命军，取消苏维埃，放弃土地革命，信仰三民主义，拥护国民政府与蒋介石的领导。

在托洛茨基看来，中共对国民党的一系列让步，都是放弃自身独立性的表现，完全是重蹈国民革命时期以无原则的屈服退让而被国民党步步蚕食的覆辙，因此，他始终对这些政策抱着严厉批判的态度。托洛茨基支持中国反对帝国主义侵略的抗战事业，并且号召中国托派积极参加抗战，他说："中国一切工人组织的责任在于积极参加，要在目前抗日战争的各条前线上参加作战。"[12] 但阶级意识的强烈、国民革命时期中共惨遭失败的经验等因素，使得托洛茨基对国民党始终有种强烈的不信任感，他认为，中国的抗战事业在反动派蒋介石领导之下，是不可能取得真正胜利的，因此，他又强调中国的工人组织"不可片刻放弃他们自己的政纲与独立行动"。与此同时，他还对中国革命力量在战争中崛起，从而代替国民党蒋介石来领导抗战的胜利抱有深切的希望，他说："无产阶级先锋队在战争时期，与资产阶级仍立于不可调和的对立地位。先锋队的任务在于：根据战争经验，将工人团集在革命先锋队周围，将农民团集于工人周围，以此准备真正的工农政府，即领导数百万农民的无产阶级专政。"[13]

与托洛茨基相比，陈独秀对抗战的态度不能说有原则性的区别，但侧重点却有很大不同。从内心来讲，陈独秀未必不愿意中国托派能够凭借自己的努力，发展成为强大的政治力量，甚至取代国共来领导中国的抗战和革命事业，从这点上来说，他与托洛茨基并无不同。然而，中国托派毕竟太不成气候了，经过多年的挫折和打击，中国托派更是越来越微不足道，在中国政治舞台上，它几乎可以算作可有可无，只是时不时发出几声聒噪的看客。政治经验丰富的陈独秀不仅对中国政治斗争的内幕了如指掌，他也明白，政治是讲究实力的。因此，他对中国托派的所作所为越来越嗤之以鼻，不以为然。对中国托派的失望，再加上"抗战第一"的意识，陈独秀不得不开始放弃（起码是暂时不再强调）"左右开弓"、同时抨击国共两党的激进政策，他甚至明白宣示，支持国民党领导抗战，并且对国共两党摒弃前嫌、共御外辱的合作态度表示赞同。[14]而他的这种态度，是让坚持托洛茨基指示的中国托派成员十分恼怒，并且多次予以抨击的。从某种角度上来讲，陈独秀与中国托派的分歧，也可以看作他与托洛茨基的分歧，只不过，作为有丰富理论和革命实践经验的托洛茨基是灵活的，并不像中国托派那么教条和偏激，他更没有公开指斥陈独秀与自己的见解相违背。

陈独秀出狱后发表的一系列骇人见解，在中国托派内部引起层层风波毫不稀奇，无论是他鼓吹发展资本主义的宏论，支持国民党领导抗战的豪言壮语，还是纵论战后世界大势的观点，用正统的托派教义来衡量，这些都是无耻而惊人的“背叛”。因此，中国托派不会眼睁睁看着这个托派重量级人物混淆视听的言论而无动于衷。1938 年，中国托派以政治决议的形式，对陈独秀做出严厉的批判：

> D. S.（指陈独秀——引者）公开宣称他“与任何党派没有关系”。这是完全采取了“超党”的，即“超阶级”的立场。他自“八·一三”以来发表的一切文字，正由这 立场出发，因此一贯地充满机会主义精神，即充满了站在各党派之间、站在政府与民众之间的调和主义精神，这是根本违背了马克思主义的“阶级对阶级”的基本观点。
>
> ……
>
> D. S. 既一方面把国民党政府这次应战的革命意义尽量加以夸大（殊不知日本帝国主义“九·一八”以来的不断进攻，正是国民党政府叛卖第二次革命及其以后一切反动政策之后果），同时又公开叫民众“要相信政府有抗战决心，是不会中途妥协了”。这完全是替国民党政府作宣传筒，结果即是欺骗民众。这与我们的基本政策毫无共同之点。
>
> ……
>
> D. S. 在《抗战中的党派问题》一文内所说的“共产党及其他党派都应以在野党的资格拥护抗日战争，一致承认国民党一党

政权及其对抗日战争之最高统率这一事实。不要把开放党权和开放政权混为一谈”。这里十分明显地是主张维持国民党的军事专政，是完全放弃了以普选全权的国民会议来代替国民党的军事专政之原来的政治主张。

……

D. S. 主张“民族利益高于党派利益”，这在马克思主义的观点上，也是错误的。……单纯地说“民族利益高于党派利益”，实际上即等于否认无产阶级在民族解放斗争中的领导权，这根本是反动的思想。[15]

尽管决议中严厉地指责陈独秀，但中国托派此时似乎还希望调和彼此的分歧。1938 年 10 月底，与陈独秀私交甚厚的中国托派临委书记陈其昌，绕道香港入川，到江津探望陈独秀，他带来了托洛茨基给李福仁的信——要陈独秀去美国，以及托派临委作出的这份《我们对于独秀同志的意见》。

中国托派主动地与陈独秀交流意见，这在双方近十年的交往中并不多见（这自然与陈其昌对陈独秀态度友善相关），但陈独秀对陈腐而咄咄逼人的批判似乎已经厌倦了，一切的争论及怒言相斥除了加深彼此的隔阂之外，毫无积极意义——因为彼此的分歧绝非枝叶方面的，而是涉及所有的政治问题。出于这种心思，他不再与中国托派直接对话，而是选择了一个让中国托派料想不到的方式表达自己的不满——直接向托洛茨基写信。这封信中的批评，不啻是对中国托派过去政策错误的一次总清算：

我们的集团自始即有极左派倾向。例如，有些人认为民主革命在中国已经完结；有些人认为下一次革命性质是单纯社会主义的，没有民主成分；有些人认为中国下次革命一开始便是社会主义的；有些人怀疑国民会议的口号，认为它没有阶级的意义；有些人认为国民会议是反动时代和平运动的口号，不能用为夺取政权的口号，无产阶级只有在苏维埃口号之下夺取政权；有些人认为民族民主斗争是资产阶级的任务，无产阶级虽然可以参加运动，而不是自己的任务，攻击同志中主张中国无产阶级应该把解决民族民主任务放在自己双肩上的人是左派资产阶级的意识；有些人认为任何时期任何时间任何条件下，和其他阶级的党派协议对外国帝国主义或国内独裁者的共同的行动，都是机会主义。这些极左派的倾向在组织内部的宣传教育起了很大的作用，遂决定了对中日战争的整个态度，没有人能够纠正，谁出来纠正，谁就是机会主义者。在战争中，这般极左派的人们口里也说参加抗战，同时却反对把抗日战争的意义解释得过高。他们的意思或者认为只有反抗国民党统治的战争才是革命的，反抗日本帝国主义的战争不能算是革命的。又有人讥笑“爱国”这一名词，甚至有人认为此次战争是蒋介石对日本天皇的战争。有人认为工人参加战争是替资产阶级当炮灰。他们认为谁要企图同共产党、国民党谈判共同抗日的工作，谁便是堕落投降。群众眼中看见的“托派”，不是抗日行动，而是在每期机关报上满纸攻击痛骂中国共产党和国民党的文章，因此使史大林派的“托派汉奸”的宣传在各阶层中都得到了回声，即同情于我们的人也不明白“托派”目前所反对的究竟是谁。从开战一直到今天，这样的状况依旧继续着，不但无法获得群众，简直无法和群众见面，因此使他们的意识更加窄狭，竟至有人造出一种理论说：一个革命党员，社会关系越简单越好。

这样一个关门主义的极左派小集团（其中不同意的分子很少例外）当然没有发展的希望；假使能够发展，反而是中国革命运动的障碍。[16]

在一气呵成的这封信中，陈独秀将几年来对中国托派逐渐形成的看法用尖锐的言词表达了出来。更让中国托派不可忍受的是，他对这个组织在中国的发展前途和作用发出了更加不留情面的批评：

> 现时远离群众，远离现实斗争的极左派，如果不能深刻的觉悟过去轻视民族民主斗争的错误，大大的改变态度，如果不是每个人都低下头来在上述工作方针之下刻苦工作，如果仍旧说大话，摆领导者的大架子，组织空洞的领导机关，妄想依靠第四国际支部的名义闭起门来自立为王，那么除了使第四国际的威望在中国丧失外，别的将无所成就。[17]

这封信的措辞是尖锐的，意思也一目了然（这封信随后由陈其昌带到上海，再托李福仁转交给了托洛茨基）。不过，由于陈独秀信中屡次出现的“我们”一词，使得后人在判断他是否仍旧以托派自居时得出了不同的结论；有人将这封信当作陈独秀与中国托派分道扬镳的最有力佐证，而不斤斤计较于表面词句；有人（尤其是郑超麟等托派老人）则坚信，陈独秀在遣词造句上尽管毫不留情，但实质上仍是站在托派立场上的，在他们看来，他更多地是以“恨铁不成钢”的心态写下这封信的。

作者觉得，要判断晚年陈独秀与中国托派的关系，不能仅盯着一篇文章（甚至只是其中的词句）来判断，而应该从他的整个思想及对中国托派的态度中寻找线索。仅仅从这封信的谋篇立意分析，说陈独秀与中国托派仍有着割舍不断的牵连，甚至说他仍以托派一员的资格说话并不是没有道理的。但若将眼光放开，把陈独秀晚年的一系列文章与托派的各种文件相比较就会发现，他不仅在组织上与“关门主义”的托派无法合拢，彼此思想上的差距更是不可以道里计——对于这种天壤之别的差距，无论是托派中的“多数派”还是“少数派”都是并不回避的。既然组织上、思想上都与托派脱钩了，那么，再坚持晚年陈独秀仍是托派的一员，似乎就过于一厢情愿了（陈独秀显然不会纠缠于这个问题）。[18]

自 1938 年 6 月份写给李福仁的信后，托洛茨基有近半年没有得到陈独秀的消息，他很着急。1939 年 2 月 23 日，他急切地询问李福仁：“陈独秀的近况如何？他在干什么？他的思想如何？”[19]

此后不久，托洛茨基读到了陈独秀写给他的信，也看到中国托派于 1939 年 1 月 29 日作出的《临委给国际的政治工作报告》——这份报告是他们看到陈独秀写给托洛茨基的信后提交给托派国际局的。在报告中，中国托派对自己抗战以来坚持的政策做了详细介绍，对陈独秀的指责也做出驳斥和辩护。

双方针锋相对的意见让托洛茨基陷入了进退两难的境地：他既不能为了维护陈独秀使一直忠诚贯彻他的指示的中国托派成员寒心、怨愤，也不能为了中国托派而抛弃陈独秀，因此，他避免在两者之间做分辨是非曲直的裁判，而是以颇为含糊的语气在 3 月 11 日写给李福仁的信中表达了自己的看法：

> 我读了你 1 月 19 日从上海写来的信，以及收到从四川方面寄来的意见，心里感到很大的兴趣。我们终于获得过去所缺乏的那种消息了。我非常欢喜，我们的老朋友（指陈独秀——引者）在政治上仍旧是我们的朋友，虽然含有若干可能的分歧，但现在我不能以必需的精确度来判断这些可能的分歧。
>
> 当然，我很难形成一种确定的见解来判断我们的同志们的政治意见，或判断他们的极左主义的程度，因之也不能判断我们的老朋友方面对于他们的严斥是否正确。然而他表示的意见，我以为在本质上是正确的，我希望在这基础上能够同他经常地合作。[20]

托洛茨基对陈独秀与中国托派的分歧心知肚明，他也明白陈独秀在中国托派内找不到一个赞同者，但在托派事业日益凋零的日子里，与这个有威望的老革命家决裂，对托派而言绝对是得不偿失的。因此，他小心翼翼地在双方之间寻找平衡点，尽量避免让双方都感到受了委屈（他一面说陈独秀与中国托派"含有若干可能的分歧"，一面又认为陈独秀的意见"在本质上是正确的"）。他似乎还存着一丝陈独秀与托派有朝一日能继续合作的希望（他多次希望陈独秀来到美国，参加第四国际领导工作）。

不过，无论托洛茨基内心偏袒的是中国托派，还是更加威名赫赫的陈独秀，这一点其实都已经不重要了，因为他们已经毫无共同之处，互不相让的纠纷已经不是一个局外人（哪怕这个人是具有无上权威的托洛茨基）可以调解的了。此时此刻，双方基本上死了挽救对方的心思。而晚年的陈独秀，在被中国托派严厉批判的同时也批判中国托派，尽管他一直与托派“少数派”的郑超麟等人保持通信联络，并且不断交换对抗战、民主、独裁、苏联性质、抗战前途及战后世界大势等热点问题的意见，但他们此时的联系更多的是私人性质的交往，而非政治组织上的联络。

在中国托派方面，他们完全没有托洛茨基对陈独秀的那种非同寻常的深厚感情。他们看到托洛茨基 3 月 11 日写给李福仁的信后，又做出《临委给国际的报告——关于 D.S. 同志问题》，继续批评陈独秀，并进一步说明中国托派关于中国抗战的政策，这份报告指出：

> 自他出狱后对我们组织所采取的冷漠、轻蔑甚至敌视的态度，他对某些同志屡次表示“各人干个人的，将来再说”的观念，甚至他在敌人面前公开表示他和“托派”无关系，这些都足以觇知他的取消组织的观点。因此，我们应该继续声明，即在组织问题上我们与 D．S. 同志的取消观点也陷于不可调和的地步。[21]

在严厉指责陈独秀的同时，中国托派在报告中还难能可贵地承认自己本身存在着重大缺陷，“我们并不是说，我们毫无缺点或错误，相反的，我们并不用超历史的眼光来夸大自己。我们十余年来囿于一个宣传的小团体，在大事变中我们自然要暴露许多弱点出来。这些弱点中最大的一个便是创立这个组织的老同志差不多一大半消极、腐化、堕落，而留在组织内积极工作的干部大半都是后起的青年分子，因此，往往因为政治斗争及工作的经验较浅，不能拿原则活用到事变中去。其次，我们这个团体一贯处境孤立，一贯受迫害，一贯与群众没有保持密切的联系，因此不能及时反映出广大群众心理的转变。但我们认为这些缺点都不是原则上的错误，更不是‘极左派’的表现，而这些缺点只有靠时间才能克服。”[22]

中国托派还表示，他们同意托洛茨基对待陈独秀的意见，他们说：“D.S. 同志个人的斗争历史与斗争经验（可惜他不能正确理解他的经验）我们都是尊重的。他留在第四国际内，是很有意义的……有些同志甚至主张与他决裂，但我们还是极力抑制，使其仅以内部批评为限。我们自得到托同志的意见后，我们更希望他能到美国去。”但他们继续说：

> 我们现在特别请求同志注意：假如我们这次不从D.S.同志的错误中得出真正的教训，我们无法保障D.S.同志不在事变的下一阶段或将来的事变中不走得更远，做出更大的错误。我们现在仍继续诚恳的要求D.S.同志和我们、和国际组织恢复正常的关系，进行彻底的讨论。假如他仍坚执成见，把我们视为“极左派”以保留他一贯的机会主义路线，则我们始终是无法接近无法合作的。[23]

中国托派对陈独秀的失望、绝情与托洛茨基对陈独秀的理解、关心形成了明显的反差。

王文元在陈独秀逝世后所写的一篇文章中说：“将近十年来，如果没有托洛茨基的‘保护’，陈独秀大约已不止一次地被托派中的某些‘英雄’开除，宣布‘自动脱离’或宣布‘变节’了！”[24]

从托洛茨基与陈独秀的交往及他屡次维护陈独秀的事实来看，王文元的说法并不夸张。而陈独秀也不可能不感受到托洛茨基的这份情谊。作为中国托派代表人物，虽然陈独秀多次拒绝了托洛茨基诚心邀他前往国外参加第四国际领导工作的好意，虽然他对中国托派的极左、教条作风深恶痛绝，但他对托洛茨基本人却从未出言不恭。甚至从那封措辞极其严厉的信中，也能感受到这一点。

到了晚年，陈独秀的思想发生巨大的转变，从而引起他对社会主义理论的深刻反思和重新评估，这自然会影响到他对托洛茨基主义及托洛茨基个人的评价。

1938年12月23日，陈独秀在致郑学稼的信中说：“列、托（列宁和托洛茨基——引者）之见解，在中国不合，在俄国及西欧又何尝正确。弟主张重新估定布尔什维克的论理及其人物（老托也在内）之价值……在我自己则已估定他们的价值。我认为纳粹是普鲁士与布尔什维克之混合物。弟评论他们都用科学的态度，并非依据任何教派的观点，更不屑以布尔什维克正统自居也。……弟久拟写一册《俄国革命的教训》，将我辈以前的见解彻底推翻。”[25]

在反思无产阶级专政理论和实践经验时，他也为托洛茨基的遭遇感到惋惜，他说：“列宁当时也曾经警觉到‘民主是对于官僚制的抗毒素’，而亦未曾认真采用民主制，如取消秘密政治警察，容许反对党派公开存在，思想、出版、罢工、选举自由等，LT（托洛茨基——引者）直到独裁这把利刃伤害到他自己，才想到党、工会，和各级苏维埃要民主，要选举自由，然而太晚了！”[26]

不过，此时的陈独秀流露出与主义（包括列、斯、托等）分道扬镳的态度，却绝非情绪化地针对某个人，而是抱着与重估孔子价值一样的理性态度。他晚年的相关文字，与他国民革命时期和领导托派时期的观点相比，有着更多的深思熟虑，而更少利益诉求或政治派别的狭隘性，因此也更能经得起时间的检验。毕竟，国内外政治局势的瞬息万变、错综复杂，使得任何一种理论在评估历史和时事时都显得力不从心，陈独秀的变化可以说正是适应了这种变化（即便思想博大精深的托洛茨基，在晚年也都开始修正自己的理论体系中某些明显不合时宜的原则性观点）。

1938 年 8 月，漂泊入蜀的陈独秀定居偏远小城江津，远离了政治漩流的他过着贫寒却颇为平静的生活；而漂泊流亡的托洛茨基则仍旧在政治漩流中厮杀着，1940 年 6 月，此前躲过多次暗杀的他在墨西哥被克格勃间谍残忍地杀害了——他被谋杀者用利斧砍破了头颅。这个才气纵横、精力充沛、坚忍不拔的伟大人物，终于败在了政治对手的阴谋中。陈独秀和托洛茨基，这两位生于同年，一生同样大喜大悲、大起大落的悲剧人物的交往，也画下了让人遐思的句号。

随后，陈独秀在寂寥、贫穷、疾病缠身中又活了两年，在此期间，他虽然在被中国托派猛力批判的同时也严厉斥责中国托派的荒谬和教条，但他作为托洛茨基主义者的历史，实际上已经结束了。

征引及参考文献

1. 陈独秀：《给托派国际书记局的信》，《陈独秀著作选》，第三卷，344 页，上海人民出版社，1993 年；

2．同上，344—345 页；

3．托洛茨基：《被背叛的革命》（何伟旧译，向青、林广厦校订）；

4．托洛茨基：《与李福仁的谈话》（1937 年 8 月 11 日）；

5、6．转引自唐宝林、林茂生编写：《陈独秀年谱》，490 页，上海人民出版社，1988 年；

7．同上，490—491 页；

8、9．同上，495 页；

10．同上，503 页；

11．例如，1938 年 2 月，王凡西等人劝说陈独秀去香港，以便脱离国民党的监视时，他回答说："我们拥护与参加抗战，就无论如何得留在抗战地区，利用人家不得不给我们的合法身份来作公开批评；一去香港便自动放弃这个身份了。"（转引自唐宝林、林茂生：《陈独秀年谱》，496 页）；

12、13．转引自王凡西：《托洛茨基主义与中国革命——托洛茨基〈中国革命问题〉德文本导言》；

14．陈独秀抗战期间的具体观点，见他撰写的《抗战中的党派问题》、《我们要得到怎样的胜利及怎样得到胜利》、《抗战中应有的纲领》等文章；

15．《我们对于独秀同志的意见》，转引自唐宝林：《求真集》，71—72 页，兰州大学出版社，2003 年；

16．陈独秀：致托洛斯基，《陈独秀著作选》，第三卷，530—531 页；

17．同上，532 页；

18．王凡西在《从陈独秀的"最后意见"说起》中说："我根本不同意他的'最后意见'，整个托派中也没有一人完全同意他的。"（《陈独秀研究动态》上册，67 页）；不过，即便在认定陈独秀的晚年思想已经远离了托派立场的同时，王凡西仍对他重归托派立场寄予期望："独秀的晚年思想，一如在他的'最后的论文书信'中所表示的，离托洛茨基主义已很远了。可是不光是我，还有不少同志们，都认为独秀在那些文字中所表示的思想并不能算是'最后的'。倘若'天假以年'，在往后的历史事件胆识上，他多半仍将是托派的同志——因为他那绝不势利的彻底革命者的性格，以及那个所谓天才式观察者的思想方式，不可能符合于'他的朋友'胡适之的愿望：由无条件歌颂民主制进而拥护资产阶级统治。"（王凡西：《双山回忆录》，250 页，东方出版社，2004 年）；

19．转引自唐宝林、林茂生：《陈独秀年谱》，513 页；

20．转引自唐宝林：《求真集》，82 页；

21．同上，87 页；

22．同上，88 页；

23．同上，88、89 页；

24．王凡西：《托洛茨基与陈独秀》，转引自唐宝林：《陈独秀传——从总书记到反对派》，243 页，上海人民出版社，1989 年；

25．陈独秀：致郑学稼的信，《陈独秀著作选》，第三卷，528 页；

26．陈独秀：给西流的信，同上书，555—556 页；

人 物

胡适与辜鸿铭的精神碰撞

张耀杰

胡适与前辈文化人辜鸿铭之间，一度处于激烈碰撞的敌对状态。辜鸿铭离开北京大学英文门一级教授的职位，也主要是出于英文门的教授会主任胡适的提议。但是，离开北大之后的辜鸿铭，与胡适之间依然保持着相互尊重、彬彬有礼的“君子”之交。

一、辜鸿铭离开北大的确切记录

1920年8月24日，钱玄同在致周作人信中写道：“查来信有谈及古轰鸣（译音）下半年的‘笾豆簋问题’（按，此即“饭碗问题”也。因饭碗二字太欠古雅，故改为此名）的事。查该古轰鸣在成均已经革职了。这倒也是一件快心的事。不料□□□□诸公，又因为是ㄉ’ㄠㄎㄊㄜ建议革他的，又不免略有烦言。你想这种烦言，不是‘吃饱饭，没事干’而发生的吗？”[1]

这里的“古轰鸣（译音）”，指的是当时的北大英文门一级教授辜鸿铭。“ㄉ’ㄠㄎㄊㄜ”，是用注音字母对于英文docter的拼写，指的是英文门教授会主任胡适。这里迄今为止能够见到的关于辜鸿铭离开北大的具体时间与具体原因的最为确切的记录。“□□□□诸公”，指的是负责为教育界讨要欠薪的北京中等以上学校教职员会联合会主席马叙伦、书记沈士远等人。

钱玄同尽管认为胡适建议革除辜鸿铭的教授职位，是一件快心的事；但是，在落款时间为庚申中秋节后一日即西历 1920 年 8 月 16 日写给周作人的前一封书信中，他还是对辜鸿铭的人格给出了部分肯定：“‘该 Koohoongmeeng’我以为尚有人格。比了满洲皇帝回任而满口民治主义者，毕竟还洁白一点。——我又要发牢骚了。我觉得中国人顽固还不要紧，野蛮还不要紧；惟顽固而带维新之面具，野蛮而打文明之腔调，则真不可救药矣。”

与钱玄同的上述书信相印证，《胡适书信集》中录有以“英文教授会主任胡适”落款、写于 1920 年前后的《致北京大学各有关部门公函》，其中写道：“敬启者，近年预科学生之英文成绩殊不能满人意。上午本系教授会及本校修正预科课程委员会对于此事情皆有所讨论。兹将讨论之结果，拟定本年预科英文教授办法如下……”[2]

由此可知，在教授治校的蔡元培时代的北大校园里，拟定英文本科及预科的教学办法并且遴选合适的教员，是英文教授会主任胡适正大光明的职责所在。然而，到了 2008 年 6 月 8 日，中国人民大学清史研究所教授、《文化怪杰辜鸿铭》一书的作者黄兴涛，却在《光明日报》发表《罗家伦“上书”辜鸿铭“下课” 份新见北大档案的介绍与解读》一文，把辜鸿铭所谓的“下课”，认定为罗家伦与胡适的“暗施‘狠手’”。

二、黄兴涛的新见档案

黄兴涛所说的“一份新见北大档案”，指的是北京大学档案馆的一份案卷号为 BD1919031 的学生来信，抬头为“教务长英文主任先生”，信中写道：“先生就职以来，对于功课极力整顿，学生是狠（很）佩服的。今学生对于英文门英诗一项功课，有点意见，请先生采纳。学生是英文门二年级的学生，上辜鸿铭先生的课已经一年了。今将一年内辜先生教授的成绩，为先生述之……”

接下来，是辜鸿铭的四项“成绩”：

（一）每次上课，教不到十分钟的书，甚至于一分钟不教，次次总是鼓吹“君师主义”。他说：“西洋有律师同警察，所以贫民不服，

> 要起 Bolshevism；中国历来有君主持各人外面的操行，有师管束内里的动机，所以平安。若是要中国平安，非实行‘君师主义’不可。”每次上课都有这番话，为人人所听得的。其余鄙俚骂人的话，更不消说了。请问这是本校所要教学生的吗？这是英诗吗？
>
> （二）上课一年，所教的诗只有六首另十几行，课本钞本具在，可以覆按。因为时间被他骂人骂掉了。这是本校节省学生光阴的办法吗？
>
> （三）西洋诗在近代大放异彩，我们学英国文学的人，自然想知道一点，我们有时问他，他总大骂新诗，以为胡闹。这是本校想我们有健全英文知识的初心吗？
>
> （四）他上课教的时候，只是按字解释，对英诗的精神，一点不说，而且说不出来。总是说：这是“外国大雅”，这是“外国小雅”，这是“外国国风”，这是“外国离骚”，这是“官衣而兼朝衣”的一类话。请问这是教英诗的正道吗？

据黄兴涛介绍，这封来信写在十四张“国立北京大学用笺”上，5 月 3 日所写十张，8 月 8 日补充四张，落款是“学生罗家伦谨上五月三日此信并可请校长一看”。当时的北大校长是蔡元培，教务长是马寅初，英文门主任是胡适。罗家伦在 1919 年 8 月 8 日将此信呈交给校方时，补充了如下内容：“这封信是五月三日上午写好的，次日就有‘五四运动’发生，所以不曾送上。到今日学校基础已定，乃捡书呈阅。还有两件事要附带说明：（一）本年学校将不便更动教授，但英文门三年级的英诗功课，只有二点钟，可否将辜先生这两点钟减去，让他便宜点儿。这两点钟我和我的同班，渴望主任先生担任。（二）听说杜威先生下半年在本校教‘哲学’同‘教育原理’两课。这两课都是对于英文门狠（很）有关系的东西，可否请先生将他改成英文门的选科，让我们多得一点世界大哲学家的教训，那我们更感激不尽了。”

罗家伦还要求将此信交给代替蔡元培到校视事的蒋梦麟一阅。因为信中涉及英文和哲学两系的课程安排，教务长马寅初当天将此信转给哲学系主任陈大齐（字百年），让他与英文门主任胡适商量解决办法。马寅初在批语中写道：

“百年兄：接罗君家伦来函，对于英文与哲学两门功课有所主张，兹特奉上，希与适之兄一商为荷。此请刻安。”

按照黄兴涛的解释，罗家伦写作此信的动机，首先是激于新文化运动的所谓“大义”；其次还有他与辜鸿铭之间的个人恩怨：“著名报人张友鸾先生就曾生动地记述辜鸿铭和罗家伦之间互相‘讨厌’的故事。据他说，辜鸿铭这位‘名教授’因反感罗家伦这位‘名学生’好出风头，不好好学英文，故上课时‘十回有八回叫着罗家伦的名字，要他回答’。而罗家伦呢，对于这英诗课既无兴趣，英文底子又很差……有一天，趁辜鸿铭正讲得兴高采烈的时候，他凑上前去问道：‘上回老师不准我说话，骂我 WPT。这 WPT 是什么意思，我到现在还不明白。请老师告诉我：这是哪句话的缩写？出在哪部书上？’辜鸿铭一抡眼道：‘你连这个都不知道吗？ WPT，就是王、八、蛋！’此言一出，哄堂大笑。罗家伦恨得牙痒，却无可如何。张友鸾最后还强调：‘北大学生，没有一个不知道罗家伦就是 WPT 的。’”

黄兴涛接下来补充说：“笔者研究辜鸿铭多年，知其的确有喜骂‘王八蛋’之嗜。若如是，就不难理解何以罗家伦要单独‘上书’校方，且对自己的老师用语会如此刻薄激烈了。”

在黄兴涛看来，除了“激于‘大义’与‘私愤’的双重冲动”外，罗家伦“上书”校方的另一因素，是两名教授间的同行“竞争”：“在北大英文门内，胡适与辜鸿铭不仅是思想上的对头，也是教学上的竞争对手。他们都教英语文学，特别是英诗。……从北大英文门的有关课程档案来看，1919 年下半年至 1920 年上半年，辜鸿铭二、三年级的英诗课仍得以保留。不过同时我们也看到，胡适的‘近代英美诗选’课此时却被正式列入到本学年两个年级的选修课程当中，这无疑满足了罗家伦信中的部分要求。而 1920 年下半年至 1921 年上半年，辜鸿铭的英诗课便不复存在。所有英国文学的‘诗歌’部分，都改由胡适来上，课为三学分，规定三个年级的学生均可以任选。……目前，辜鸿铭究竟何时最终离开北京大学英文门，由于没有找到相关资料，还难以确证，但可以肯定的是，自 1920 年下半年之后，北大英文门的课程表上，就已经不再有辜鸿铭的名字了。”

作为北大的学生领袖，罗家伦用真实姓名向校方提出教学方面的书面建议，是正大光明的一件事情，当年的《北京大学日刊》经常刊登此类师生建议。但是，到了黄兴涛眼里，在"至于陈大齐和胡适具体商量的处理意见如何，限于资料，暂无法得知"的情况之下，却变成了罗家伦、胡适刻意隐瞒的暗箱阴谋："同胡适一样，晚年的罗家伦也丝毫没有提到他早年曾'上书'北大校方、向辜鸿铭暗施'狠手'之事。要不是档案还在，我们今天恐怕也永远无缘了解此事的真相了。"

罗家伦 1918 年与胡适联名发表轰动一时的易卜生戏剧《娜拉》，1919 年 5 月杜威来华讲学时又是胡适指定的笔录人之一，充分证明他在北大学生中的成绩优异。张友鸾所说的罗家伦"对于这英诗课既无兴趣，英文底子又很差"，显然是一种不顾事实的事后扯谎。至于黄兴涛所谓胡适与罗家伦的"暗施'狠手'"，可以借用刘半农 1934 年 3 月 8 日的日记予以回答："上午续编中小字典。下午到北大上课。去冬为研究所事，逵羽来谈，曾言及适之为人阴险，余与适之相交在十五年以上，知其人倔强自用则有之，指为阴险，当是逵羽挑拨之言。曾以语孟真，孟真告之孟邻。今日孟邻面诘逵羽，不应如是胡说。逵羽大窘，来向余责问。余笑慰之。"[3]

孟真就是胡适的学生、中央研究院历史语言研究所所长兼北大教授傅斯年。孟邻即北大校长蒋梦麟。逵羽是当时的北大教务主任樊际昌。正是在刘半农的劝说下，樊际昌消除了对于胡适的误会，他的后半生一直作为得力助手追随蒋梦麟，到台湾后曾任农复会秘书长兼总务处长。

三、胡适笔下的辜鸿铭

1921 年 10 月 13 日，胡适在日记中写道："夜间王彦祖先生邀吃饭，同席的有 Demiéville and Monestier 及辜鸿铭先生。许久不见这位老怪物了。今夜他谈的话最多；他最喜欢说笑话，也有很滑稽可喜的。今记数事如下……"[4]

这里的王彦祖，是胡适的一位老同学，1919 年前后与胡适、辜鸿铭同为北大教授。Demiéville，即法国汉学家戴密微。Monestier，即法文《政闻报》

的主笔莫内捷。当晚在场的除了人称“辜疯子”的辜鸿铭之外，还有人称“徐癫子”的徐墀等人。

1928 年 5 月 1 日，胡适在日记中附加了一则剪报 ：“东方三十北京电 ：辜鸿铭患肺炎，本日下午三时半在北京私宅病故，享年七十二岁。”与此同时，他还写下了对于辜鸿铭的盖棺定论 ：“辜汤生先生死了。此老对我虽表示反对，然相见时却总是很客气的。他尽管嬉笑怒骂，也还不失为一个‘君子’人。他的著作里最崇拜‘君子’一 [两] 个字，死后我这样评论他，似乎不失为平允。”[5]

1935 年 8 月 11 日，胡适在《大公报 · 文艺副刊》发表《记辜鸿铭》一文，再一次谈到自己与辜鸿铭之间的路径歧异与精神碰撞 ：“辜鸿铭向来反对我的主张的，曾经用英文在杂志上驳我 ；有一次为了我在《每周评论》上写的一段短文，他竟对我说，要在法庭控告我。然而在见面时，他对我总很客气。”

胡适的《记辜鸿铭》一文，是在 1921 年 10 月 13 日的日记基础上写作的。据他回忆，当晚见面时，辜鸿铭握着他的手，用英语对两位法国人介绍说：“这位是我的著名敌人！”此言一出，在场人等哄然大笑。

入座之后，戴密微的左边是辜鸿铭，右边是徐墀。用餐过程中，辜鸿铭突然拍一下戴密微说 ：“先生，你可要小心！”

戴密微忙问为什么，辜鸿铭回答 ：“因为你坐在辜疯子和徐癫子的中间！”

在场人等再一次哄然大笑。

“老怪物”辜鸿铭在社交场所最为擅长的是既骂官人、名人又骂自己的谈笑风生。接下来，他开始毒骂曾经拥戴末代皇帝溥仪复辟的辫子大帅张勋：“去年张少轩（张勋）过生日，我送了他一副对子，上联是‘荷尽已无擎雨盖’，——下联是什么？”

胡适一时想不起合适的对句，只好问道 ：“想不出好对，你对的什么？”

辜鸿铭说：“下联是‘菊残犹有傲霜枝’。……你懂得这副对子的意思吗？”

胡适说：“‘菊残犹有傲霜枝’当然是张大帅和你老先生的辫子了。‘擎雨盖’是什么呢？”

辜鸿铭说 ：“是清朝的大帽。”

辜鸿铭虽然崇拜孔子，却瞧不起孔教会中的名人，尤其痛恨孔教会长陈焕章，经常把陈焕章读作“陈混账”。他告诉胡适说：“你知道有句俗话：‘监生拜孔子，孔子吓一跳。’我上回听说口口口的孔教会要去祭孔子，我编了一首白话诗：监生拜孔子，孔子吓一跳。孔会拜孔子，孔子要上吊。胡先生，我的白话诗好不好？”

文中“口口口”的所指，就是陈焕章。胡适在公开发表的《记辜鸿铭》一文中，为避免不必要的文字纠纷，把依然健在的几个关键人物的姓名，都用删节号替代了。

按照胡适的说法，辜鸿铭晚年最为得意的壮举是他在安福国会选举时的卖票故事。“这个故事我听他亲口讲过好几次了，每回他总添上一点新花样，这也是老年人说往事的普通毛病。安福部当权时，颁布了一个新的国会选举法，其中有一部分的参议员是须由一种中央通儒院票选的，凡国立大学教授，凡在国外大学得学位的，都有选举权。于是许多留学生有学士硕士博士文凭的，都有人来兜买。本人不必到场，自有人拿文凭去登记投票。据说当时的市价是每张文凭可卖二百元。兜买的人拿了文凭去，还可以变化发财。譬如一张文凭上的姓名是（WuTing），第一次可报‘武定’，第二次可报‘丁武’，第三次可报‘吴廷’，第四次可说是江浙方音的‘丁和’。这样办法，原价二百元的，就可以卖八百元了。辜鸿铭卖票的故事确是很有风趣的。”

接下来是胡适引用的辜鸿铭原话：“口口口来运动我投他一票，我说：‘我的文凭早就丢了。’他说：‘谁不认得你老人家？只要你亲自来投票，用不着文凭。’我说：‘人家卖两百块钱一票，我老辜至少要卖五百块。’他说：‘别人两百，你老人家三百。’我说：‘四百块，少一毛钱不来，还得先付现款，不要支票。’他要还价，我叫他滚出去。他只好说：‘四百块钱依你老人家。可是投票时务必请你到场。’选举的前一天，口口口果然把四百元钞票和选举入场证都带来了，还再三叮嘱我明天务必到场。等他走了，我立刻出门，赶下午的快车到了天津，把四百块钱全报效在一个姑娘——你们都知道，她的名字叫一枝花——的身上了。两天工夫，钱花光了，我才回北京来。口口口听说我回来了，赶到我家，大骂我无信义。我拿起一根棍子，指着那个留学生小政客，说：‘你瞎了眼睛，敢拿钱来买我！你也配讲信义！你给我滚出去！从今天以后不要再上我门来！’那小子看见我的棍子，真个乖乖的逃出去了。”

“老怪物”辜鸿铭既有令人大笑的趣话，也有让人气短的怪话。王彦祖请吃饭的主要目的，是请中国朋友奉陪作为主客的法国汉学家戴密微和法文《政闻报》的主笔莫内捷，辜鸿铭话锋一转，却把两位法国朋友给得罪了：“先生们，不要见怪，我要说你们法国人真有点不害羞，怎么把一个文学博士的名誉学位送给徐世昌！莫先生，你的《政闻报》上还登出徐世昌的照片来，坐在一张书桌边，桌上堆着一大堆书，题做‘徐大总统著书之图’！呃，呃，真羞煞人！我老辜向来佩服你们贵国，——La belle France！现在真丢尽了你们的 La belle France 的脸了！你们要是送我老辜一个文学博士，也还不怎样丢人！可怜的班乐卫先生，他把博士学位送给徐世昌，呃？”

这段话中的徐世昌，照例是用“口口口”来代替的，笔者出于行文的方便，参照胡适的日记进行了还原。在胡适的日记中，另有辜鸿铭毒骂徐世昌的记录：“徐世昌办了一个四存学会。四存就是存四，可对忘八！”

两位法国客人听了辜鸿铭的话，很是不安。《政闻报》主笔莫内捷脸红耳赤地替本国政府辩护了两句，辜鸿铭不等他把话说完，就驳斥道：“Monsieur，你别说了。有一个时候，我老辜得意的时候，你每天来看我，我开口说一句话，你就说：‘辜先生，您等一等。’你就连忙摸出铅笔和日记本子来，我说一句，你就记一句，一个字也不肯放过。现在我老辜倒霉了，你的影子也不上我门上来了。”

王彦祖见辜鸿铭开始闹场，只好提议宴会结束各自散去。倒是胡适在当天的日记里，替辜鸿铭写了一句公道话：“其实辜鸿铭应该得这个学位；他虽然顽固，可不远胜徐世昌吗？”

四、胡适与辜鸿铭的精神碰撞

胡适在《记辜鸿铭》所说的“辜鸿铭向来反对我的主张的，曾经用英文在杂志上驳我”，指的是辜鸿铭于 1919 年 7 月 12 日和 8 月 16 日，分别在上海英文刊物《密勒氏译论》（*Millard's Review*）发表的两篇英文文章：《反对中国文学革命》和《归国留学生与文学革命——读写能力和教育》。他在文中斥责胡适“以音乐般美妙的声音”谈论所谓“活文学”或“重估一切价值”，其实不过是意义含混不清、让人莫名其妙的骗人把戏，即“套鸟的圈套”。中国的文言就像莎士比亚高雅的英文，绝非“死文学”。识字与受教育也并非一回事，事实往往相反。他嘲笑胡适以粗鄙的“留学生英语”鼓吹所谓“活文学”，最终结果只能导致大量“外表漂亮的道德上的矮子”。他甚至认为白话文太容易学，如真正推行白话文，那全中国的底层劳动者都会学会白话文，这些人一旦识字就会参政议政，就会天下大乱。如中国大多数人都能识字，留学生也就没办法过以前的好日子了。

作为回应，胡适在自己主编的1919年8月3日及27日的《每周评论》中，以“天风”的署名分别发表两篇标题为《辜鸿铭》的“随感录”，其中一篇写道：“现在的人看见辜鸿铭拖着辫子，谈着‘尊王大义’，一定以为他是向来顽固的。却不知辜鸿铭当初是最先剪辫子的人；当他壮年时，衙门里拜万寿，他坐着不动。后来人家谈革命了，他才把辫子留起来。辛亥革命时，他的辫子还没有养全，拖带着假发接的辫子，坐着马车乱跑，很出风头。这种心理很可研究。当初他是‘立异以为高’，如今竟是‘久假而不归’了。”

按照胡适的解释，“这段话是高而谦先生告诉我的，我深信高而谦先生不说谎话，所以我登在报上。那一期出版的一天，是一个星期日，我在北京西车站同一个朋友吃晚饭。我忽然看见辜鸿铭先生同七八个人也在那里吃饭。我身边恰好带了一张《每周评论》，我就走过去，把报送给辜先生看。”

辜鸿铭看过上述文字之后，当场对胡适说：“这段记事不很确实。我告诉你我剪辫子的故事。我的父亲送我出洋时，把我托给一位苏格兰教士，请他照管我。但他对我说：‘现在我完全托了口先生，你什么事都应该听他的话。只有两件事我要叮嘱你：第一，你不可进耶苏教；第二，你不可剪辫子。’我到了苏格兰，跟着我的保护人，过了许多时。每天出门，街上小孩子总跟着我叫喊：‘瞧呵，支那人的猪尾巴！’我想着父亲的教训，忍着侮辱，终不敢剪辫。那个冬天，我的保护人往伦敦去了，有一天晚上我去拜望一个女朋友。这个女朋友很顽皮，她拿起我的辫子来赏玩，说中国人的头发真黑的可爱。我看她的头发也是浅黑的，我就说：‘你要肯赏收，我就把辫子剪下来送给你。’她笑了，我就借了一把剪子，把我的辫子剪下来送了给她。这是我最初剪辫子的故事。可是拜万寿，我从来没有不拜的。”

这里便牵涉辜鸿铭“生在南洋，学在西洋，婚在东洋，仕在北洋”的特殊身世，“口先生”指的是他的养父布朗。

1857年7月18日，辜鸿铭出生在时为英国殖民地的马来西亚威尔斯王子岛，也就是现在的新加坡槟城，即槟榔屿。他的原名是汤生（Thomson）。父亲辜紫云原籍福建同安，当时正在为英国商人布朗经营橡胶园。他的母亲为葡萄牙人。由于布朗夫妇没有生育，他们就把辜鸿铭收为养子。

1869年，十三岁的辜汤生随养父布朗前往苏格兰。1870年，被布朗送往德国学习。1873年，考入英国爱丁堡大学文学院攻读西方文学，1877年，获文学硕士学位。同年，他入德国莱比锡大学学习土木工程专业，随后又去法国巴黎大学攻读法学专业。1880年，辜鸿铭结束十一年的求学历程返回马来西亚威尔斯王子岛，在当地的殖民政府任职。

1882年，辜汤生遇到来自中国大陆的维新派人物、《马氏文通》的作者马建忠，自称“三日倾谈”，“使我再一次变成一个中国人”。辜汤生从此改名辜鸿铭，开始从西学转向中国文化。只可惜半路出家的他，不仅没有深刻认识到中国文化的利与弊，而且连汉字都不能够正确书写。用他的学生罗家伦的话说：“因为辜先生的中国文学是他回国以后再用功研究的，虽然也有相当的造诣，却不自然。这也同他在黑板上写中国字一样，他写中国字常常会缺一笔多一笔而他自己毫不觉得。”[6]

另据辜鸿铭的堂侄辜振甫回忆：“鸿铭先生博古通今，或系在西洋受教之故，其运笔颇有特异之处，以‘古’之上半部‘十’字为例，常人多先书一横，再书以一竖；他则反是，先写一竖，始再加横。而其下半部之‘口’字，常人多先以左边一竖为起笔，次则上边一横，继而右边一竖，最后底边一横完成；鸿铭先生则是上边一横往右直竖下来，嗣则左边一竖向右横去。鸿铭先生雅有清操，学者风度，置钱财事于度外。而寄寓寒舍时，本人之卧室与其仅一壁之隔，乃知其嗜食生牛肉（即现今所谓之鞑靼牛排是也），其虽曾游学英伦，然绝口不吸英国香烟，独钟土耳其之WESTMINSTER牌烟，其烟乃金口，体则扁，而与通见之圆形香烟颇有二致。”[7]

1885 年，辜鸿铭来到中国，被两广总督张之洞（文襄）委任为“洋文案”即外文秘书。在此期间，他将《论语》、《中庸》和《大学》翻译成英文，在海外出版发行。1907 年，辜鸿铭随张之洞入阁，第二年被任命为外务部员外郎，后升至左丞。1910 年，他辞去外务部职务，南下上海任教于南洋公学。1915 年，辜鸿铭任北大教授，讲授英国文学。1916 年，他的《春秋大义》（又名《中国人的精神》）的德译本出版，在德国掀起一股“辜鸿铭热”，丹麦著名文学批评家勃兰兑斯在《辜鸿铭论》中称赞他是“现代中国最重要的作家”，他由此步入一生中的辉煌时期。

胡适所说的辜鸿铭“壮年时，衙门里拜万寿，他坐着不动”，是迄今为止依然广为流传的一则传奇故事。据说 1902 年张之洞在武昌官衙庆祝慈禧生日，新式铜管乐队齐奏新编的“爱国歌”助兴。辜鸿铭当场做歌道：“天子万年，百姓花钱；万寿无疆，百姓遭殃。”满座面如土色，他却言笑自若。

但是，辜鸿铭坚决否认这件事情，他指着在座的几位老头子对胡适说：“这几位都是我的老同事。你问他们，我可曾不拜万寿牌位？”胡适见状，只好当场“向他道歉”。

等到饭后道别时，胡适走过去讨回那张《每周评论》，辜鸿铭站起来折成几叠，向衣袋里一插正告胡适：“密斯忒胡，你在报上毁谤了我，你要在报上向我正式道歉。你若不道歉，我要向法庭控告你。”

胡适忍不住笑着说：“辜先生，你说的话是开我玩笑，还是恐吓我？你要是恐吓我，请你先去告状；我要等法庭判决了才向你正式道歉。”

大半年后两人再次见面，胡适说：“辜先生，你告我的状子进去了没有？”辜正色说：“胡先生，我向来看得起你；可是你那段文章实在写得不好！”

五、胡适与辜鸿铭的“君子”之交

应该说，把辜鸿铭的怪异行为认定为“当初他是‘立异以为高’，如今竟是‘久假而不归’”，并不是胡适一个人的看法，而是同时代许多学界人士的共同判断。

作为北大同事，周作人在《北大感旧录》中回忆说："北大顶古怪的人物，恐怕众口一词的要推辜鸿铭了吧。他是福建闽南人，大概先代是华侨吧，所以他的母亲是西洋人，他生得一副深眼睛高鼻子的洋人相貌，头上一撮黄头毛，却编了一条小辫子，冬天穿枣红宁绸的大袖方马褂，上戴瓜皮小帽；不要说在民国十年前后的北京，就是在前清时代，马路上遇见这样一位小城市里的华装教士似的人物，大家也不免要张大了眼睛看得出神的吧。尤其妙的是那包车的车夫，不知是从哪里乡下去特地找了来的，或者是徐州辫子兵的余留亦未可知，也是一个背拖大辫子的汉子，正同课堂上的主人是好一对，他在红楼的大门外坐在车兜上等着，也不失为车夫队中一个特出的人物。辜鸿铭早年留学英国，在那有名的苏格兰大学毕业，归国后有一时也是断发西装革履，出入于湖广总督衙门（依据传说如此，真伪待考），可是后来却不晓得什么缘故变成那一副怪相，满口'春秋大义'，成了十足的保皇派了。但是他似乎只是广泛的主张要皇帝，与实际运动无关，所以洪宪帝制与宣统复辟两回事件里都没有他的关系，他在北大教的是拉丁文等功课，不能发挥他的正统思想，他就随时随地想要找机会发泄。"[8]

作为学生，罗家伦在《回忆辜鸿铭先生》一文中分析说："无疑义的，辜先生是一个有天才的文学家，常常自己觉得怀才不遇，所以搞到恃才傲物。他因为生长在华侨社会之中，而华侨常常饱受着外国人的歧视，所以他对外国人自不免取嬉笑怒骂的态度以发泄此种不平之气。他又生在中国混乱的社会里，更不免愤世嫉俗。他走到旧复辟派这条路上去，亦是不免故意好奇立异，表示与众不同。他曾经在教室里对我们说过：'现在中国只有二个好人，一个是蔡元培先生，一个是我，因为蔡先生点了翰林之后不肯做官就去革命，到现在还是革命。我呢？自从跟张文襄（之洞）做了前清的官以后，到现在还保皇。'"

比辜鸿铭稍后任教于北大的英文门教授温源宁，在《辜鸿铭》一文中写道："他辫子的炫耀，很足以显露他整个人的性格。他为人刚愎，度着与人对抗的生活，众人所承认者，他则否认；众人所欢喜者，他则不欢喜；众人所崇拜者，他则藐视。与众不同，即是他的快乐和骄傲；因为剪辫子是流行的，所以他便留辫子，倘若人人都留辫子，我相信剪辫子的第一人，一定是辜鸿铭。……一个背叛者，宣传君主主义；一个浪漫者，接受儒教作为人生哲学；一个专制的君主，却以佩奴隶的记号（辫子）为得意：辜鸿铭之所以会成为中国近代最有趣的人物者，即是由于上述的矛盾。”

大力提倡幽默小品的林语堂，也在他的《辜鸿铭》一文中解释说：“实则辜鸿铭之幽默起源于其倔强之本性及其愤世嫉俗之见解。在举国趋新若骛之时，彼则扬言尊礼；在民国时期，彼偏言尊君，偏留辫子；在崇尚西洋文明之时，彼力斥西洋文化之非，细读其文，似非无高深见解，或缺诚意，然其持之过甚，乃由愤嫉而来。”

关于辜鸿铭逆历史潮流而动的愤世嫉俗，与他同为宗社党成员同时也是废帝溥仪的外籍教师的庄士敦，在《废帝溥仪召见辜鸿铭》中写道：“虽然辜鸿铭在苏格兰受过外国教育，有许多外国朋友，但他并不喜欢西方人。在革命之后，他更加不喜欢他们。因为他把革命归因于西方的影响。他憎恨把那种同中国精神相对立的民主理想介绍到中国。他写道：‘这种崇拜暴乱的教义是从英国和美国输入中国的。它引起革命和现在民国这场噩梦。’现在，这种崇拜暴乱的教义‘正在威胁和毁灭当今世界文明中最有价值的财富’——真正中国精神。他还认为，如果不立即放弃这种暴乱崇拜，它‘不仅会毁灭欧洲文明，而且会毁灭世界文明’。”

另据《清史稿》中的《辜鸿铭传》介绍，“汤生好辩，善骂世；国变后，悲愤尤甚。”[9] 有趣的是，批评辜鸿铭“立异以为高”的胡适，也曾经被别人批评为“立异以为高”。1915 年 4 月 27 日，正在美国留学的胡适在日记中写道：“有人谓我大病，在于好立异以为高。其然？岂其然乎？所谓立异者何欤？不苟同于流俗，不随波逐流，不人云亦云。非吾心所谓是，虽斧斤在颈，不谓之是。行吾心所安，虽举世非之而不顾。——此立异者也。吾窃有慕焉，而未能几及也。”[10]

胡适所说的“有人”，主要是指他在中国公学时期的学生和留学美国时期的同学杨杏佛以及任叔永、梅光迪等人。1930 年 4 月 29 日，正值国民党当局针对新月书店出版的《人权论集》，特别是其中的胡适文章《人权与约法》、《我们什么时候才可有宪法》、《知难行亦不易》大举围攻的关键时刻，已经成为党国要人的杨杏佛在来信中写道："适之我兄大鉴：在京见《民国日报》载弟在京市［党］部演说，中多颠倒错误。对吴先生者亦然。曾与吴先生商议致函更正。吴先生谓现在笔记往往大错，甚至与原意相反，然更正则不胜其烦，且笔记多如此。只可听之而已。故弟亦遂置之。顷闻蔡先生谈及，因草此奉告。演说中'走江湖的博士'乃指江亢虎先生（原文似载《向导周报》），下文有'胡先生亦犯此毛病，不肯作第二人，故好立异'。……以下所言，皆列举对政治主张之变更，以证明'好立异'而已。……"[11]

这里的"吴先生"，就是曾经当面斥责胡适为反革命的国民党元老吴稚晖。到了1933年2月23日，时任国民政府中央研究院总干事和民权保障同盟总干事的杨杏佛，在来信中再一次指责胡适："如此对外公开反对会章，批评会务，必为反对者张目，且开会员不经会议，各自立异之例……"民权保障同盟北京分会主席胡适，随后被上海总会单方面开除了会籍。

胡适关于"立异"的最为经典的说明，见于1918年8月下旬写给《新青年》同人钱玄同的一封回信："至于老兄说我'对于千年积腐的旧社会，未免太同他周旋了'，我用不着替自己辩护。我所有的主张，目的并不止于'主张'，乃在'实行这主张'。故我不屑'立异以为高'。我'立异'并不'以为高'。我要人知道我为什么要'立异'。换言之，我的'立异'的目的在于使人'同'于我的'异'。（老兄的目的，惟恐人'同'于我们的'异'；老兄以为凡赞成我们的都是'假意'而非'真心'的）故老兄便疑心我'低首下心去受他们的气'。但老兄说'你无论如何敷衍他们，他们还是很骂你'。老兄似乎疑心我的'与他们周旋'是要想'免骂'的！这句话是老兄的失言，恕不驳回了。"[12]

中国传统儒教所鼓吹的"劳心者治人，劳力者治于人"，以及"学而优则仕"的官本位的身份歧视和人治圈套，在很大程度上把中国人强制性地分割为只允许发展上半身的"劳心者"和只允许发展下半身的"劳力者"。在这种情况下，"四体不勤，五谷不分"的"劳心者"，只能自觉自愿地充当制造谎言教化民众的专制帮凶。用自己既"劳心"又"劳力"的劳动成果供养专制皇帝和儒教帮凶的"劳力者"，却因此丧失了读书识字和自由言论的基本人权。于是，中国的古文越来越难懂，中国的古字越来越难写，其目的就是要把劳苦大众永远排斥在文化教育之外。最能够发展既“劳心”又“劳力”的健全人格的科技工作者和工商业者，更被自以为重义轻利的孔孟之徒妖魔化为不务正业、赚取不义之财的势利小人。正是为了打破传统儒教“劳心者治人，劳力者治于人”和“学而优则仕”的身份歧视和人治圈套，留学美国的胡适基于世界性的眼光率先提出以白话文替代文言文的“文学革命”，为迷惘困顿的《新青年》杂志找到了一个通向“正当的‘立异’皆所以‘求同’”的大同境界的最具可操作性的突破口。

胡适的如此“立异”，所表现出的是他对于《新青年》同人肝胆相照、精诚团结的宽容，以及对于整个人类社会的求大同存小异的人文关怀和理性追求。他从来不把“千年积腐的旧社会”看成是势不两立、你死我活的异类天敌，而是把“旧社会”中的“人”看作是大同人类中稍有歧异的一分子。正是基于这一点，胡适把“立异”的大目标限定于造福全社会及全人类的“使人‘同’于我的‘异’”的大同境界，而不是像以革新自居的钱玄同和以守旧自居的辜鸿铭那样，总是想当然地用自己一方的正义或正确，去势不两立地排斥抹杀另一方也许更有正义或更加正确的立场观点。胡适与辜鸿铭在文化立场上的根本异点，就在于此。

难能可贵的是，文化立场上的歧异甚至于敌对，并没有影响胡适与辜鸿铭之间的正常交往。用胡适写在1928年5月1日的私密日记中的话说，辜鸿铭是“对我虽表示反对，然相见时却总是很客气”的一个“君子”。

这种来自西方文明的“对我虽表示反对，然相见时却总是很客气”的“君子”之交，也就是被1925年的鲁迅认定为在中国社会里应该缓行的遵守程序正义和制度规则的平等参与、公平竞争的“费厄泼赖”（fairplay），鲁迅在写于1919年8月2日的《〈一个青年的梦〉译者序》，曾经有过经典说明：“《新青年》四卷五号里面，周起明曾说起《一个青年的梦》，我因此便也搜求了一本，将他看完，很受些感动：觉得思想很透彻，信心很强固，声音也很真。我对于‘人人都是人类的相待，不是国家的相待，才得永久和平，但非从民众觉醒不可’这意思，极以为然，而且也相信将来总要做到。现在国家这个东西，虽然依旧存在；但人的真性，却一天比一天的流露：欧战未完时候，在外国报纸上，时时可以看到两军在停战中往来的美谭，战后相爱的至情。他们虽然蒙在国的鼓子里，然而已经像竞走一般，走时是竞争者，走了是朋友了。”[13]

1919 年 3 月，蔡元培在《致〈公言报〉函并附答林琴南君函》中，强调北京大学的办学方针是“循思想自由原则，取兼容并包主义”，与此同时，他还专门为辜鸿铭一类人划定了一个政教分离的职业底线：“例如复辟主义，民国所排斥也，本校教员中，有拖长辫持复辟论论者，以其所授为英国文学，与政治无涉，则听之。”罗家伦所描绘的辜鸿铭的课堂教学，恰恰突破了这样的职业底线。假如辜鸿铭在课堂教学中除了宣传君主复辟之外，还要像张友鸾所说的那样毒骂自己所不喜欢的学生是王八蛋，这样的大学教授无论拥有多么渊博的知识，都是不合格和不称职的。至于在“辜鸿铭究竟何时最终离开北京大学英文门”都不能够确定的情况下,就把辜鸿铭的“下课”与罗家伦的“上书”绑在一起，分明是疑罪从有的有罪推定。

现在看来，罗家伦正大光明的意见书在决定辜鸿铭的去留问题上，确实发挥了一定的作用，其根本原因却在于辜鸿铭的咎由自取。更何况王森然在《辜鸿铭先生评传》中，还为辜鸿铭的离开北大提供过另一种解释：辜氏既放浪形骸，又十分守旧，一个典型的例子是对学生男女同校上课的事。有一年，他主讲北大英文课时，忽见座位中有女生，有人告以是新招女生。下课后，他找到蔡元培，说：“教室中忽发现女性，男女授受不亲，请辞去教职。”

1924 年 10 月，辜鸿铭应日本大东文化协会干事萨摩雄次的邀请到日本讲学，期间还一度到台湾讲学，并且居住在他的堂侄辜振甫的家中。1927 年秋，辜鸿铭从日本返回北京，担任张作霖大元帅府的顾问兼北大教授。不久，又被山东军阀张宗昌拟定为山东大学校长，只是他还没有上任就于 1928 年 4 月 30 日离开人世。

应该说,辜鸿铭是中国近现代史上难能可贵的一位文化学者。他精通英文、法文、德文、拉丁文、希腊文、马来文等九种语言，并且创造性地把中国的“四书”中的《论语》、《中庸》、《大学》翻译成为多国文字。他所写作的《中国的牛津运动》（原名《清流传》）和《中国人的精神》（原名《春秋大义》）等书，在向西方人传播中国文化方面也一度产生过重大影响。但是，他以极端情绪化的“立异以为高”甚至于恶毒谩骂而引起的轰动效应，是不可能持久引起人们的同情与关注的，并且也是难以具备建设性的。

值得特别一提的是，曾经对辜鸿铭的授课质量给出过否定意见和尖锐批评的罗家伦，在后来的《回忆辜鸿铭先生》一文中，对于自己当年的过激态度也进行了一定程度的纠偏和修正，借用黄兴涛的话说：“他赞辜鸿铭是一个‘无疑义的’、‘有天才的文学家’，认为其‘英文写作的特长，就是作深刻的讽刺’，有时‘用字和造句的深刻和巧妙，真是可以令人拍案叫绝’。他还强调：‘善于运用中国的观点来批评西洋的社会和文化，能够搔着人家的痒处，这是辜先生能够得到西洋文艺界赞美佩服的一个理由。’等等。可见，历经几十年的文化人生和学术磨砺，他对辜鸿铭的认识评价已经相当平静、理性和客观了。”

征引及参考文献

1. 钱玄同1920年8月24日致周作人信，《钱玄同文集》，第6卷第28页，中国人民大学出版社，2000年。
2. 胡适《致北京大学各有关部门公函》，《胡适书信集》，上册第260页，北京大学出版社，1996年。
3. 1934年3月8日刘半农日记，刘小蕙著《父亲刘半农》，第253页，上海人民出版社，2000年。
4. 曹伯言整理《胡适日记全编》，第3卷第497页，安徽教育出版社，2001年。
5. 曹伯言整理《胡适日记全编》，第5卷第71页。
6. 罗家伦《回忆辜鸿铭先生》，台湾《艺海杂志》，第1卷第2期。
7. 钟兆云《辜振甫晚年信中忆述辜鸿铭》，原载《澳洲日报》，人民网2005年01月11日转载。
8. 周作人《知堂回想录》，第542页，河北教育出版社，2002年。
9. 以上引文均出自汪修荣《怪杰辜鸿铭》一文，见汪修荣著《民国教授往事》，河南文艺出版社，2008年。
10. 曹伯言整理《胡适日记全编》，第2卷第121页。
11. 杨杏佛1930年4月29日致胡适信，曹伯言整理《胡适日记全编》，第5卷第697页。
12. 《胡适来往书信选》，上册第27页，北京：中华书局，1979年。该书录入此信时，错误地认定“此信约写于1919年2月下旬”，特此纠正。
13. 《鲁迅全集》，第10卷第192页，人民文学出版社，1981年。周起明即鲁迅的二弟周作人。

裴文坦的故事与事故

孙 卓

一

笔者在《温故》第三辑中发表过一篇《耶鲁在湖南》，略述民国初年的湖南省政府与美国雅礼会合办“湘雅医学院”的经过，其中主角为美国人胡美(Edward H. Hume)。胡美筚路蓝缕在中国湖南开创现代医学教育之基业，曲折悲壮，继其后献身于中国医学事业的外籍人士更不乏其人，为此殒身蓝天的裴文坦就颇值得一书。

裴文坦原名 Winstin W. Pettus，1912 年出生在上海，是一个美国传教士的儿子。他在上海读完小学之后，又到北京的美侨中学读书，1929 年他十七岁时回到美国，之后进入耶鲁大学医学院学习，1937 年毕业，又在美国行医几年，然后再次来到正处于艰苦抗战之中的中国，受美国雅礼会派遣，担任湘雅医学院附属医院的外科主治医生。裴文坦生在中国，却具有典型的美国性格。他可不是那种我们常见的总是被白大褂和大口罩捂得严严实实、行走于病房诊室手术台之间的面目不清的外科医生，他的手除了拿手术刀以外，也经常紧握方向盘，甚至飞机的操纵杆！是的，我想他一定就像《夺宝奇兵》中的琼斯博士一样，脱下白大褂就会露出磨得破了边的牛仔裤，跳上吉普车就能风驰电掣，爬进机舱就能翱翔蓝天！除了开飞机，这样的人在今天已不罕见，就连在中国也不难找出一大把，可裴文坦却是生活在约七十年前那疮痍满目的年代。想一想吧，一个这样气质的人，身处拘谨传统的中国人中间，周围会有多少不解甚至不以为然的目光投向他？在那样的环境中，他一定是过于扎眼了吧？

裴文坦医生来到湖南投身湘雅，时在1942年。那一年正是笔者的故乡湖南扬名世界的时刻，那是因为薛岳将军指挥的第九战区，以“天炉战法”大败日寇阿南惟几，使在东南亚一带节节败退的美英荷兰等盟国，在一片悲观失望之中，从长沙大捷的战例看到了日军其实也不是不可战胜的。可仗虽打胜了，长沙付出的代价可谓惨不忍睹！四年之前的文夕大火已将古城长沙焚毁十之七八，这次敌人的炮火又将长沙再毁了一遍！湘雅医学院及附属医院、护士学校等，1938年是逃过了大火之劫的，然而这种幸运可一不可再，这次几乎在炮火中被摧毁殆尽。当时是由第十军固守长沙城，作为吸引日军的诱饵，其他各部队进行合击，包围攻击长沙的日军，以求达到围歼的目的。湘雅此时早已是驻军之地，岂能逃脱炮火的覆盖？

二

说来，湘雅还是很幸运的，因为它当时有个好校长张孝骞先生。早在1938年文夕大火之前，张校长就力排众议，坚决做出了医学院整体搬迁的决定。师生员工筚路蓝缕远徙贵阳，竟还携带了绝大部分医疗器械与教学仪器，使胡美播种的现代医学薪火，不至于熄灭于战乱。那是另一个可歌可泣的故事，此处不拟展开细述。校本部迁黔之后，长沙原址还留下少量留守人员，而裴文坦受美国雅礼会派遣，前往报到的就是长沙原址。

裴文坦绝没想到，他为湘雅做的第一件工作，竟是救火！第三次长沙会战结束，日军已经败逃，国军重新控制了全城，但湘雅校园却仍在燃烧。裴文坦一边与守校的工友齐力扑火，一边拍下大量的实况照片。他的报道与照片发回美国，在《生活》杂志上刊登，引起了美国公众对远在大洋彼岸殊死抗战的关注。裴文坦在此后辗转去贵阳寻找湘雅校本部的路上，与一位中国将领结识，他就是时任第九战区副司令长官的杨森。

都知道杨森是四川军阀，当年与刘文辉、刘湘叔侄分庭抗礼，打得天府之国天昏地暗。可知道他的祖籍是湖南衡阳的，恐怕为数不多，想必那应是数代之前“湖广填四川”迁去的吧。自抗战军兴，川军离乡投入各战场的，数量极大。杨森就经常对部下痛心地说：“过去我们一直打内战，内心对民族是有愧的，现在是我们赎罪的时候了，我们只有拼命死战。”此时他驻扎在祖先生息繁衍之地，自然格外尽心尽责。杨森的驻地是平江，他对于防范敌人进攻从不敢懈怠，总是跨着一匹缴获的东洋高头大马，视察防地，指挥作战。可杨森每次驰骋落鞍之后，都会发生小便中带血的现象。为此他遍访省内外名医，却都医治无效。裴文坦路经此地，被第九战区的部队留下诊治伤病员，杨森得知来了一位美国医生，便略尽地主之谊，设宴款待裴医生。席间杨长官说起自己的病情，裴文坦马上断定他患的是膀胱结石。他借用第九战区野战医院的简陋设备，为杨森开了刀，取出了膀胱中的结石，杨长官果然迅速痊愈。这当然使他既高兴又感激，于是裴大夫与杨长官遂成莫逆之交。

说起裴文坦为杨森治病，其中还有一件趣事：他不光治了人，竟连杨森的马也一块儿治了！杨森的坐骑在不久前的战斗中，马腿被敌人的子弹射中，大洋马成了瘸子。裴文坦索性充当了一回兽医，给大洋马也开了刀，取出子弹后，大洋马又健步如飞了。这岂能不让杨长官喜出望外？

三

裴文坦仅在湖南、贵州待了一年有余，就于1943年回了美国。然而他可不是就此一去不返，他是专门回国去学习飞行技术的。裴文坦是个医生，他学飞行干什么？他之所以产生这个念头，实在是因为在当时抢救伤病员的时候，常因距离遥远或地形阻隔，耽误了最佳时机，只能眼看着本可以治愈的人死去或成为终身残废。裴文坦学飞行是为了在中国的工作，所以完全是取速成的态度，一旦能驾机起降，就迅速返回仍在与日寇苦斗的中国。而此时湘雅医学院正要离开贵州，迁往陪都重庆。

1944年在我们的八年抗战中，是一个特别艰难的年头。别以为离日本投降只有一年了，不是早应该进入反攻阶段了吗？其实从头到尾，我们就一直取守势尚且力不从心，何曾有过组织大规模全面反攻的实力？那一年日本为了打通大陆交通线，发动了“一号作战”，中国方面史称“豫湘桂战役”。汤恩伯部在河南一溃千里，日军兵锋迅速直指薛岳的第九战区。“天炉战法”那老一套已经不灵，日军的主将换上了畑俊六大将，他对于薛长官的战术已是了如指掌烂熟于心了。长沙几乎没有做出像样的抵抗即沦于敌手，只有衡阳，在第十军方先觉将军的指挥下，苦战了四十七天。这次第十军却没等来友军的反包围，诱饵变成了大鱼口中之食，最后只能在弹尽援绝之时，放下武器停止抵抗。日军之后就连下桂林、柳州，几乎占领了广西全境，并挥师攻入贵州，直打到独山，才由于运输线过长，无力再前进而后撤。独山离贵阳不远，湘雅医学院自然不敢留此险地，只好再次搬迁，去了陪都重庆。

裴文坦随同全校师生翻山越岭，徒步跋涉，历尽艰难才转移到重庆，却迟迟没有得到教育部的承认。教育部说日军既然已经撤出贵州省境，湘雅就该回到贵阳，不能在已经人满为患的重庆挤占地盘了。可贵阳原址已经破坏殆尽，加上器材药品在搬迁途中损失极大，再折腾一回还能剩下几何？张孝骞校长他们磨破了嘴皮跑断了腿，总算在杨公桥的两栋破旧空屋里立住了脚，重新开课。而这时离日本投降已经不到一年了。

日本投降的消息传到重庆，山城几乎发狂！那一天裴文坦是如何与中国人度过的？我找不到记载，只能凭想象。我想他一定喝醉了！以他对中国的感情，以他与中国同事患难与共的经历，以他亲眼目睹抗战军民牺牲之惨痛，此时此刻，难道还不应该放纵一下自己的情绪，且歌且泣，一醉方休吗？！

四

胜利到来得太突然，可湘雅人早已等不及了。医学院分割于数地，勉强苦撑，大家的精神早已超过了忍受极限。于是马上决定回迁长沙复校复课，满目疮痍的国家，太需要赶紧投入建设，身心伤病累累的人民，更不能缺少良医的救助。裴文坦去了印度加尔各答，向英国人的联邦经济管理处为湘雅购买了两架轻型飞机，每架一千美元，这是要作为湘雅医院的救护飞机的。裴文坦从美国学来的飞机驾驶技术，为的不就是能以最快的速度去挽救垂危的生命吗？现在他要实践自己那绝对超前的计划了！飞机到手，裴文坦自觉如虎添翼，乃自告奋勇，担负起先遣探路的任务，他要去探明长沙那已荒芜了六年之久的校园，如今是怎样一副模样了？

据刘树焱医生在《湘雅医学院抗战三迁记》中记载，裴文坦是9月4日首次从重庆起飞，飞临长沙上空探查情况的。那天清晨，裴文坦站在重庆高滩岩的原中央医院门口，拦住了一辆美军总部的汽车，搭顺风车直驶白市驿机场。他登上那崭新的轻型飞机腾空而起，越过崇山峻岭，降落在湖南芷江。芷江是美军第十四航空队，也就是赫赫有名的“飞虎队”的重要基地之一，以裴文坦的美国人身份，到了这里应该就跟到了自己家差不多。他加满油再重新起飞，刹时已飞临长沙湘雅校园上空，盘旋数匝无平地可以降落，于是从空中拍摄照片后，返航回到重庆。湘雅师生们从裴文坦带回来的照片中，看到校园已成一片断壁残垣，不禁都唏嘘不已。裴文坦却对回迁原址满怀信心，于是再次飞长沙探查。这次仍未能着陆，但他从空中尽可能仔细地观察了校园情况，并在航空图上进行了详细标记，对于大家根据照片提出的各种问题，心中有了更加明确的答案。这次他就近飞回芷江降落，没有再回重庆，他准备孤身再闯长沙，定要把地面情况摸得一清二楚不可！

好个裴文坦！第二天他终于在水陆洲（橘子洲）上降落了！那只是湘江河心一条狭长的沙洲，并无机场，而且也不会像今天这样，有宽阔笔直的道路。裴文坦驾驶的虽是轻型飞机，当掠过民房大树寻隙迫降时，一定引起了地面的骚动吧？以他那速成的飞行技术，竟敢弄险玩这样高难度的“花活儿”，足见他心情之迫切与性格之强悍！

裴文坦由美国兵陪同，又驱赶着一帮投降日军作向导，直趋湘雅校园查看。这一看不要紧，比从空中俯瞰更令人心惊！只有医院主楼的四堵墙还耸立着，其他建筑大半已难辨面目。门窗缺损十之七八，粪便垃圾遍地，蚊蝇乱飞，污水横流。于是，裴文坦将从空中观察标记的，又做了修正，原来以为还可使用的建筑，又从图上删去许多。裴文坦命令日军，限期三天，必须清除院内垃圾，恢复起码的卫生，并且将各处散乱的砖瓦，集中到院墙基脚之下，以备修复时取用。安排好这一切之后，裴文坦又从水陆洲上起飞，飞回了重庆，将实地情况向医学院领导报告。

五

湘雅回迁之时，正值胜利后大后方的中央政府机关及工农商学各界人士争先恐后出川返乡高峰期，车船极度紧张，一票难求。这时又是裴文坦出面，找“战时运输局”协助，经川湘公路，以军用卡车直驶长沙。车辆经沅陵，过雪峰山到邵阳，再经湘乡、湘潭回长沙。一路上几乎没有像样的路，特别是进入湘潭境内后，公路已全被破坏，每隔四五十米即挖断一截路面，直至挖毁路基。这是因为对日作战时，第九战区司令长官薛岳定下“毁路滞敌”战术，将战前已有公路尽可能破坏，以对付机械化程度远高于我方的敌军，使其重武器难以通行。湘雅师生及医用器材，就是这样颠簸回到故地的！校园里的垃圾、粪便，倒是真被奉命惟谨的投降日军收拾掉了，大家一边感叹于裴文坦安排之得力，一边伤心于昔日美丽整洁的校园，今日竟几成废墟。不管怎么样，即使长沙城还未恢复自来水与电力的供应，湘雅医院却立刻就开门应诊了。因为劫后重生的长沙，此时比任何时候都更加需要医生的救治！

裴文坦并未随同大队走，他还有更要紧的事情要办：他又从重庆起飞，直达芷江，然后暂将飞机留在芷江机场，自己去了那里的美军基地。他想干什么？他弄了一辆美军的十轮大卡车，亲自开到基地的美军医院，搞了满满一车医疗物资！想必他是经过软磨硬泡吧？军医院的人肯定既烦他又同情他，谁能对这个刚刚亲眼目睹了长沙惨状，说得动情之极的年轻医生的要求一口拒绝呢？他可完全不是为了自己，他要用这些药品与器材去治病救人啊！裴文坦驾着山一般的巨型大卡车，隆隆前进，同样“爬”过了那不是路的路，“爬”进了湘雅那破败的院落……

他弄来的这些东西，对于几乎是赤手空拳重新开张的湘雅来说，简直就是上天的恩赐！看着同事们欣喜欲狂的神情，裴文坦二话没说，返身又折回了芷江。他可没把那辆十轮大卡开回去，他又是搭的美军便车，他要再弄一辆卡车，再拉一车东西给他的湘雅！我不知道美军医院对于他的请求是不是目瞪口呆？这个贪得无厌的年轻人不会是疯了吧？好在这时战争已经结束，美军也快要卷铺盖回家了，这些剩余物资反正也要援助给战时盟友中国政府，那么具体给谁也就不必那么认真了。裴文坦于是又弄到了大卡车，又装满了一车物资，又像移动的山一样驶进湘雅院内，给他的同事们带来了又一次狂喜……

据刘树焱医生，裴文坦如此反复起码有过五次。他亲眼见到过裴文坦从芷江开来的三辆十轮大卡和两辆美国军用救护车，就停放在湘雅的院里。他一共拉来了多少物资？据说因为繁杂零乱，又无清单，谁也说不清准确的数量。其中甚至有大量不配套的器械，那一定是裴文坦饥不择食般狂扫来的“掠获物”！

六

裴文坦却没有时间为这点物资沾沾自喜，他还要出最后一趟远差——印度加尔各答，还有一架飞机留在那里。他是怎么去的？没有记载。但既然我们已经知道了他那搭顺风车的本事，就不难想象，他一定是求助于美国空军，搭上了去加尔各答的“顺风机”。不然他就只能经上海或者香港，乘船绕行南中国海进入印度洋。那需要多么长的时间！以裴文坦的性格，他能有这种耐心吗？

裴文坦从加尔各答起飞了，越过崇山峻岭飞到了昆明……且慢！此处不同的史料有不同的记载。有的说他是先到了昆明，有的又说他是先到的重庆。不管他回到中国境内的第一站究竟是降落在哪里，说他再起飞时在 11 月 13 日，这一点倒是一致的。这天不会是他有意挑选的吧？他一心只惦记着自己的湘雅，他不可能对一个普通的日子有什么特别的留意。可这个日子却应该被长沙人牢记！1938 年的 11 月 13 日，是长沙遭遇空前劫难的日子，那场灾难被称为“文夕大火”！裴文坦或许想不到，他的最后一次飞行，与这个值得纪念的日子暗合，但我们作为后人，却不能不将这两件攸关故乡福祸的伤心往事一并记住，虽然两事前后相差七年。

13 日起飞的裴文坦，却没能按预计的，当天就到达长沙。天气太恶劣，他转飞去了贵阳。要知道，此时担任贵州省主席的，正是裴文坦的朋友——杨森将军。他们是否见过最后一面？杨森是否趁便款待了裴医生，笑着劝他稍安勿躁，“人不留客天留客”？其实已经都不重要，惟有裴文坦一分一秒都不愿再耽搁的心情可以肯定。他一定是觉得湘雅需要他，长沙需要他，必须马上回“家”！对湘雅的思念一定使他心急如焚！他勉强忍了三天，天却始终不放晴。他终于再也忍不住了，于是在 11 月 16 日不顾机场的警告，决然从贵阳起飞……

11 月的西南，本应是秋高气爽的季节，可为什么偏在这一年久雨不晴？裴文坦是怎样在能见度极差的状态下迷航，又是怎样撞上突然从云雾后面猛扑过来的山崖，这当然是谁也无法细述的。总之，他，这只来自美利坚的蓝天孤鹰，就这样陨落在那个阴霾密布的季节里，那一年，裴文坦年仅三十三岁。

裴文坦撞山之处，在贵州境内的黄平县。杨森获知噩耗，急派人前往搜寻，收殓了裴文坦的尸身，还捡回了一些遗物。湘雅也立刻派出人员，前往处理裴文坦的后事。湘雅在长沙校本部，召开了追悼会，到会的师生医护人员，无不痛哭失声，涕泪交流。而最让人们惋惜的是，裴文坦那超前的设想——组织空中救护以争取时间挽救垂危生命的计划，竟也就此功亏一篑，胎死腹中！不知是我孤陋寡闻，还是确实如此，至今也没有听说过哪个普通长沙人享受过这样的救护。要是裴文坦幸而不死，或许我们早已就……

裴文坦的遗物中有一架收音机，由湘雅以三十美元买下来，留作纪念，其余的全部清点转交给美国总领事馆，连同湘雅出具的慰问信函，裴文坦的照片等，一并寄回美国，交还给裴文坦的亲属。

他的遗体，被隆重地迎回了长沙，火化后安葬于校园附近。裴文坦那么急迫地要回“家”，却没想到是以这种方式永不再与他的湘雅分离。湘雅师生与社会各界纷纷捐款，为这位一心为湖南服务的异国人修建坟墓。当时耗资四十五万余法币，为他建起了一座西式的坟茔，大理石的墓碑上，镌刻着英文的墓志铭：“他贡献了他全部的智慧、仁慈与毅力，感恩于他的同事、学生及朋友，将永远不会忘记他……”

这座坟墓，如今早已不存。湘雅周边已成闹市，岂能是故去的先烈安眠之所？然坟墓可以消失，墓志铭上的承诺却该永记不忘，让我们记住他——

裴文坦，Winstin W. Pettus。

人 物

财会知识分子顾准

苏小和

上海的朱学勤先生非常看好顾准的知识结构，他说顾准依靠外语，跳出了当时大陆知识分子的思想樊篱；依靠数学思维，而不是人文激情，一砖一瓦地建立了他的思想反思的地基。

事实正是如此！顾准身上的文人趣味之少，数学逻辑之严密，的确是个奇迹。从理想主义到经验主义，这样彻底的反思思路，仅仅靠文人激情找不到，也走不通。所以朱学勤认为，与其说顾准是人文知识分子，毋宁说他是科技知识分子，是经济学家，是“财会知识分子”。[1]

我很喜欢朱学勤先生对顾准的评价，因为他越过观念，沿着知识结构的通道，进入到了顾准的方法论层面。

自从顾准文献被发现以来，知识分子们给予顾准相当高的历史定位。人们发现顾准是在中国倡导市场经济的第一人，发现他在一片理想主义的教条之中，沿着经验主义的路径找到了宝贵的自由主义精神。还发现在漫山遍野的个人崇拜中，只有顾准提出了中国政治制度如何建立起制衡机制的重大课题。人们甚至发现，即使到今天，顾准的学术建构仍然部分停留在学术层面，这个国家并没有按照先知的道路行走。“黑暗如磐，一灯如豆”，所以，当有人提问：“文革”十年，中国思想界还有什么人在坚持思考的时候，李慎之先生能够从容起座，慨然应对：“有，有一个，那就是顾准，他洗刷了我们思想界的耻辱！”[2]

但是我们要问，为什么只有顾准在万马齐喑中独自思考？这显然是一个更加本质的问题，我们不能简单地认为只有顾准具备独立思考的勇气，而其他人都集体性丢失了风骨。即使事实如此，这也不能成为我们研究顾准的学术路径。

我的意思是说，可能是顾准的知识结构导致他发现了真理的通道。一个在方法论层面看到了真理的人，是不会轻易向权力妥协的。所以，我愿意沿着朱学勤提出的路径，去检索顾准的历史。

我们发现在 1922 年，顾准七岁的时候，就遇到了一个杰出的小学校长。这个名叫王志莘的人，后来成为中国现代史上重要的金融学家和经济学家。他在 1923 年赴美留学，获哥伦比亚大学银行系硕士学位，1930 年任新华商业储蓄银行总经理，解放后还任全国人大代表、中国银行常务董事、新华银行行长。

现在看来，王志莘就是顾准财会知识分子的启蒙老师。十二岁这一年，王将年少的顾准介绍到了潘序伦主持的立信会计师事务所当练习生。

潘序伦，当然是更加杰出的会计专家和教育家，被称为中国会计事业和会计人才培养的先驱。他毕业于上海圣约翰大学，赴美留学，先后获哈佛大学企业管理硕士学位和哥伦比亚大学经济学博士学位，并于 1927 年春创办潘序伦会计师事务所，以及立信会计专科学校。正是这所学校，日后成为了中国现代会计人才的摇篮。

年轻的顾准在潘序伦身边获益匪浅，并迅速在学术上成为潘的得力助手。他在潘先生的指导下，为《高级商业簿记》编写《习题详解》，后交由上海商务印书馆出版，名为《高级商业簿记习题详解》，作为立信会计丛书一种。后又协助潘序伦编写《政府会计》，以二人共同名义出版。

1932 年，潘序伦破格提拔十七岁的顾准兼任立信会计补习夜校教师。

显然，潘序伦是顾准财会知识分子人生最有影响力的导师。1934 年，顾准十九岁，经潘序伦推荐，顾准到圣约翰大学、之江大学担任银行会计教师。编写《银行会计》一书，由商务印书馆出版，被刊为大学教材。

顾准在中国会计学界的地位，由此确定。

如果说顾准能遇到王志莘、潘序伦这样杰出的师长是一种理性选择，之后遇到孙冶方这样的思想盟友，就带有某种命运因素。1939 年，二十四岁的顾准出任中共江苏省委文委副书记，书记就是孙冶方，两个人第一次在经济学建设上产生了强大的共鸣。孙冶方，共产党建国以来最开明的经济学家之一，早年留学苏联，曾任中国科学院经济研究所所长，再次与顾准共事。1956 年受顾准启发，发表《把计划和统计放在价值规律的基础上》一文，在解放后第一次提出社会主义社会仍需要存在价值规律的作用问题，提出“千规律，万规律，价值规律第一条”的著名口号，[3]在理论上取得重大突破。

经济学家骆耕漠也是顾准最优秀的同事之一。1941 年，顾准调任新四军军部所在地盐阜行政公署财经处担任副处长，处长就是骆耕漠。骆解放后曾任国家计委副主任，中科院哲社部学部委员，在中国科学院经济研究所任研究员，与顾准再次共事。

顾准另一个著名的同事是吴敬琏。吴在中国实行改革开放以后成为著名的经济学家，为国家经济决策的顾问之一，因主张实行市场经济被称为“吴市场”。我们在吴敬琏的部分文章中，能够看到他一而再、再而三地提到顾准对他的影响。在吴敬琏的眼里，顾准既是他的师长，也是他的知己。在经济学的层面，今天的学术界已经基本认定，吴敬琏是顾准学术思想最优秀的传承者，吴敬琏关于市场经济和法治经济的诸多阐述，尤其是他经常论述的“好的市场经济和坏的市场经济”，多年前顾准在研究葡萄牙、西班牙现代化起步早于英美，却被英美远远抛后的历史教训时，就已经提出了这样的学术建构。

历史，对顾准真是恩惠有加，似乎自始至终就是想把顾准培养成中国最杰出的财会知识分子。当王志莘、潘序伦、孙冶方、骆耕漠、吴敬琏这些卓越的名字，集体出现在顾准的世界里，他成为中国最杰出的财会知识分子，几乎就是一种必然。

一个真正的知识分子如何远离文人趣味，无疑是一个建设性的课题。我们想起与顾准同时代的文人们，徐志摩风花雪月，情书写得让人发腻，短暂的生命一闪而过，他是一个没有力量的读书人；郭沫若太有激情，早年写的诗歌赞美过了头，缺少怀疑精神，晚年彻底成了一个工具；闻一多暴死昆明，一个本来有实力的诗人，缺乏对社会细节的了解，一旦距离政治太近，文人的天真就显露出来；胡风跟随鲁迅那么多年，老道的批判和怀疑没有学到，文字流于表面，加上激情有加，因此只能写出《时间开始了》这样廉价的颂歌。

这是凌空虚蹈的读书人最容易犯下的毛病：风花雪月，轻描淡写，激情有余，理性不足，经常深陷在文化爱国主义的窠臼里，却能借助语言的名义，让自己对自己的狭窄理所当然，经常抓住一点，不及其余，用局部代替整体，用典型代替全面，用情感代替数据。文人趣味的苍白和无力由此得以全面呈现。

但是顾准不是这样！他是经验主义和实证主义的大师，是自由主义和个人主义的践行者。我们如此热爱顾准。在一个群体性盲动的年代，他独立思考，自由追问，成为一个时代的异类，为这个国家多灾多难的现代史挽回了面子。

作为一个人，顾准有着堂·吉诃德式的性格，瘦骨嶙峋，在瘸腿的瘦马上坚守自己的使命。当一个时代以灰暗为革命保护色，他却身着二三十年代在上海士绅间颇为流行的背带西装裤、西装背心，配一副玳瑁眼镜，眉宇间刻着明显的卓尔不群。他总是学不会溜须拍马，而是按照自己的理解顶撞上司，不给面子。当上级要求所有人要与苏联专家保持绝对一致，顾准却充耳不闻，我行我素。他在颐指气使的苏联专家面前，绝无媚态，而是据理力争。他生就一种在真理面前人人平等的意志，以及付诸实践的勇气和秉性。这些特质，预示了他后半生的悲剧命运。

1957 年是顾准遭受打击的重要年份。这一年，计划经济进入癫狂状态，“大跃进”的风潮开始席卷整个国家，顾准却在冷静思考，他发表了《试论社会主义制度下的商品经济和价值规律》，那是 1949 年后首次在中国提出了要实行市场经济的公开论述。一年以后，顾准第一次被戴上了“右派”的帽子。

可是顾准并不打算随波逐流。经验主义、实证方法和自由主义是他思考的底线、行动的底线。当不断遇到别人对他的拷打和逼供，要他作伪证诬陷一位与他有过个人嫌隙的人，顾准虽然饱受皮肉之苦，仍然严词拒绝这种无理要求。在一次无端指摘他“偷奸耍滑”的“地头批判会”上，他更是冒着雨点般袭来的拳头，高昂着他的头颅大喊：“我就是不服。”

1974 年，顾准在咳血和气喘中开始写作他最伟大的著作《希腊城邦制度》，他以冷峻的笔墨，深刻分析了城邦制度与东方专制主义的区别。而在更早时期的流放生活中，他与弟弟陈敏之秘密通信，这些宝贵的家书，构成了顾准的另外一部著作：《从理想主义到经验主义》。顾准一直在追问一个历史问题：资本主义制度为什么最先出现在英国？他坚守这样的观点："地上不可能建立天国，天国是彻底的幻想；矛盾永远存在。所以，没有什么终极目的，有的，只是进步"[4]；"今天当人们以烈士的名义，把革命的理想主义转变为保守的反动的专制主义的时候，我坚决走上彻底经验主义、多元主义的立场，要为反对专制主义而奋斗到底！"[5]

对于20世纪的中国人而言，《从理想主义到经验主义》乃是一部先知之书。顾准当年反复强调的法权主义、科学精神、民主主义、多元主义，隐含着人类文明的普世价值，终于在21世纪的中国开始艰难复苏。放眼当下的中国，即便已经融入了全球化的时代，即便今天人们的思想伴随着历史潮流开始呈现多元化的趋势，顾准在三十多年前的探索，仍然是我们行进中翘首企盼的方向，是一片晦暗之中熠熠生辉的路标。

那是一座满身伤痕的路标，一个癫狂的时代深深伤害了它的智者。顾准的晚景如此凄凉：他的妻子自杀，他的孩子们与他划清界限，他自己身染重疴，五十九岁就过早离开了这个世界。但是顾准无愧于这个国家，无愧于这片土地，相反，那些无法无天、指鹿为马的权柄拥有者对不起顾准，那些歇斯底里、群体盲动的人们对不起顾准。他们结党营私，鼠目寸光，注定是一群永远读不懂顾准的人。

征引及参考文献

1. 朱学勤：《让技术官僚代替人文官僚》，《南方人物周刊》，第59页，2006年11月5日。
2. 陈奎德：《顾准——孤独的先知》，网易博客。
3. 顾准年谱初稿。
4. 顾准：《从理想主义到经验主义》，三联书店（香港）有限公司，第153页，1992年。
5. 顾准年谱初稿。

人 物

两代人的“战争”与和平——回忆李子云阿姨

沈芸

刚刚从欧洲回来，距我上次去已经五年了，那时候李子云阿姨健在，我还特地送给她了一种奥地利咖喱芥末混合味道的沙拉酱，她高兴地用来请人喝下午茶。如今她已在一年前远去了，但是我走在欧洲硌脚的石阶路上，依然时时地想起她。我最想告诉她，在欧洲年轻的女孩子并不是唯一最靓丽的风景，因为她们同全世界是一样的，青春、活力，穿着混搭、时尚。而上了一定岁数的女人倒是各有各的景色，尤其与中国女人不同的是，老太太们不拒绝拐杖，拄着一根 stick 在街上信步，别有风度。李子云阿姨在临去世前几个月跟我说，她走路已经有困难了，要托人去日本买折叠的拐杖，这根买回来的拐杖最终她没能用上。

美食、服饰及一切与“资产阶级生活方式”沾边的话题，是我与李子云阿姨谈话的重要内容，但这远远不是全部。让她晚年颇为开心的是拥有不同年龄段的大朋友、中朋友、小朋友，这一点对于我们家族同样受用，她得意地对她的朋友竹林说，我跟夏衍家三代人都很要好，在与沈芸（第三代）的沟通上也完全没有问题。的确，这是她的本事。

我第一次见到李子云阿姨要上溯到 1976 年的秋天，当时我的爷爷夏衍尚未“解放”，我家的小孩子为了躲避“唐山大地震”去了上海，根据她的描述她的母亲看见我后讲，这孩子是个美人胚子，而听了这番话的我表现出了得意飞扬。我一直都怀疑这其中有李子云为了要说明我从小就会“得瑟”进行的艺术创作，还没上小学的我听得懂“美人胚”的意思吗？最要命的是我至今对李子云的母亲毫无记忆，我全部的印象来自于高挂在她房间里的那张她母亲的照片，那才是个真正的美人呢！精致、优雅、严肃，甚至有种拒人于千里之外的冷漠。更糟糕的是我连李子云长什么样也不记得了。我对她最初的记忆是在1979年的第四次“文代会”期间，她作为上海的代表来京开会，而我们家她是一定要来的，某个上午，她要来的消息上了爷爷这一天的议事日程，小孩子们不许吵闹。那天中午放学回家看到了走进我家正房的李子云阿姨，说实话，我没觉得她像后来很多人形容的那么漂亮，反而认为很普通：齐根短发、边框眼镜、挂在上身的“一字领”浅白罩衫和垂至脚面的深色裤子，在那个年代再平常不过了，毫不夸张地说是标准的“女干部”打扮。现在想起来，“拨乱反正”初期的上海要比北京闭塞落伍，连一贯爱美的李子云也不能幸免，但是这丝毫不影响她在我们家的重要性，尤其是在大家共同度过了艰难的“文革”岁月之后。

用李子云自己的话说，她年轻的时候，在我爷爷的一些同辈人眼里，她是个“严肃的马列主义小姑娘”；到了80年代，海外的一些女作家初入大陆时，会将她这样经历的人看作是中共的“女匪干”；90年代中后期全社会向商业转型，李子云华丽地一转身成了围绕在她身边小朋友们的“小资教母”。这一轨迹是属于李子云的个人印记，同时也折射出中国社会六十年来的时代变迁。她的后两个阶段是我亲身感受和经历的，而五六十年代有着“少共精神”（少年布尔什维克）的李子云长得什么样？我也一直充满着好奇，在她出版的最后一本书《我经历的那些人和事》里有几张那一年代的照片，的确是个漂亮人物，与容貌相比，她的神态更为吸引人，眼神向上瞟，嘴角往上翘，飙劲十足，虽已过而立之年，却一副“不愁嫁”的表情。关于她的“不嫁”，外界多有传闻，其实一点也不复杂，李子云的母亲在晚年针对当时社会上的“婚恋观”评论道：“现在的年轻人真可怜，只会搞对象，不会谈恋爱……这并不是人一生中最重要的事情。”世上难得有几个人讲得出这么透彻的道理，既经典又现代，令我极为震撼。有这样一位母亲的“给力”，李子云不轻易“言嫁”是顺理成章的。

王蒙有过一说，夏衍是高度被政治化的，却保留了自我的私人空间，没有被彻底地政治化掉。我想他的这一准确的感觉在一定程度上来自于李子云。爷爷的“四合院”大门一关，门里门外是两个世界，在那里面长大的我对外面的世界很长一段时间都是浑然不觉，而在爷爷的院子里却是像杂草一样地自由生长，这是只有“夏衍”的力量才能赋予我的快乐时光。夏衍家的门槛不可谓高不可谓低，门禁不可谓严不可谓松，别的姑且不说，只讲出入这里的女性，她们大致可以分为两类：一是素有家世渊源的女眷，另一类则是各路的才女，当然这其中两者兼而有之的更是大有市场。像冰心、杨绛、郁风、凤子、张颖……女作家聂华苓、谌容、张洁，女导演张暖忻、凌子……这些名字备受爷爷的推崇和喜爱。虽然外界都会认为我爷爷长期以来管文艺、电影，家里会来很多演艺明星，也有，但都是袁雪芬、王昆、红线女、白杨、于蓝等资深人士，其他多为蜻蜓点水的过客。李子云不是一般的角色，地位极其特殊。她从50年代做爷爷的秘书起就与这个家族建立起来亲人般的关系，从小到大我奶奶都唤她“小李”，由于年纪相仿，她和我姑姑沈宁是“发小”更是姐妹淘，在我们小孩子看来，这同样是一位受人欢迎的“孃孃”。对于她，我们家是门户大开的，穿堂入室如入无人之境，爷爷会腾出大半天和她无时间限制地长谈，李子云在文章里说，这一老一少的聊天对她而言是场“盛宴”。南北的书信往来更是不断，常常是爷爷写完，我姑姑再写一段。爷爷会在送给她聂绀弩的书上题字，教诲她“聂绀弩是鲁迅之后的第一人，要好好学习他的旧体诗”（大意），云云；而她在信里谈上海的大事小情，讲她的母亲、家人、保姆及发发“近来身体乏力，文思枯竭”的牢骚。

一位背景丰厚、与李子云熟识同时又和我们家常走动的女士，久而久之发觉我爷爷对她不热情，于是就左右打听缘由，居然被她问出来了，爷爷说××“不天真”。由此可以判断出夏衍对女性的欣赏标准，聪明而天真，但不是精明而世故，关键还要有才华，如再加上优质的出身家世，这一切就近乎于完美了，郁风、李子云正是符合这些要求的“典型环境中的典型人物”，所以，她们能与夏衍同志保持几十年长长久久的关系。我那时还不到二十岁，心智尚未开启，她们的气质和风度是那么让我不可企及，而且这是只有在爷爷的环境里才能够见识和接触到的。

人总是要成长的，或许是我接受了四年电影学院的“无体系、自由化”教育，开始用自己的眼睛看世界了。此时此刻，李子云阿姨对不知深浅的我扮演起了“教育”的角色。记得，我大学毕业后到《当代电影》杂志上班，这一过程中有陈荒煤的关系，我的顶头上司又正好是她过从甚密的亲密朋友，可能是考虑到这些因素，再加上电影界是我爷爷势力最大的地方，所以，她写来一封信寄到我的单位，进行一番“敲打”：要多读书、少说话……紧接着某一天，她端坐在我家客厅的皮沙发上，拉开谈话的架势，主要针对我发表的一篇写琼瑶的评论：“学生腔”、掉书袋气、一知半解的照搬西方理论，还卖弄新名词。到今天我都很佩服她作为评论家的一针见血、直击要害，这在李子云是小菜一碟，何况她对王元化尚且如此，我的心里应该很是得意加荣幸。但察觉到我的“活思想”不是最重要的，她在对我说这番话时，我爷爷就坐在客厅一墙之隔的卧室里，这一突如其来的行动是“奉旨而为”的，因为，爷爷对我在电影学院所受的教育并不满意，他认为所学的东西有很多缺陷需要弥补。要是没有这一层意思，以李子云的资历，才懒得跟我这等小孩子过招呢！她的“棒喝”真是令我觉醒——文章到底该怎么写？思前想后了很久。然而这一次让我着实领教了她的厉害，以及李子云式“编辑老娘”的肃杀之气。我很清楚，那时的我在她看来，根本不是什么可造之材，只是要给点颜色看看。

事情还远没结束呢！“战争”已起硝烟，她对我的不满与我对她的“看不懂”，几乎是步调一致的。她一定会说：“这是个很难缠的孩子。”而我则看到了她不同寻常的复杂侧面。1994 年夏天，我爷爷已经住进北京医院了，这时，在上海《文汇报》发表了生前的最后一篇文章《“武训传”事件始末》，这件事是由我经手的，其过程是当年中国电影导演协会在北京开首届年会，赴会的《文汇电影时报》的主编罗君通过我的安排采访爷爷，由于年迈及电影界的大氛围，爷爷不太爱接受电影媒体的访问，这一次算是破例。前来采访的罗君和陆正明得知有一篇写好的回忆文章《“武训传”事件始末》尚未在电影报刊上大范围地发表，就提出能否在《文汇电影时报》上首发，稿子拿在我手上考虑了一段时间，因为，我理解爷爷的意思还是不想只限于电影界。后来在电话里，《时报》的记者周忱出了个两全的主意，在《文汇电影时报》首发的同时，《文汇报·笔会》也将在第一时间登载。我将这一意见汇报给躺在病床上的爷爷听，他眨了眨眼睛点头示意后告诉我可以去做了。罗君决定后，我按照老人家的指示把稿子寄给了她，一周后，文章如期登出，爷爷很满意《文汇报》方面的处理，他对我说："搞得这么隆重啊！""武训传"事件发生在上海，爷爷与《文汇报》的渊源颇深，这样做无疑是最合适的。然而，身处在上海的李子云不舒服，坐不住了，她表面上不动声色，但私下多方通过我爷爷的"身边人"打听此事的原委。我承认，此事的经过只限于我们爷孙俩，的确是在某些人的眼皮子底下完成的，因为我知道，我爷爷后半部回忆录夭折的内部原因，所以在这一非常时期，为了保证这篇稿子的顺利发表，范围要越小越好，我不想也不准备通告上海的李子云，她的介入会起到反作用。我想，此时蒙在鼓里的李子云在上海的文化圈里，其"代言人"的身份一定是会感到有些尴尬和被动的。事情过后，她在北京的"亲信"来问过我，为什么事先不告诉她？而她自己却绷住了劲闭口不提。其实，我的想法一点也不关键，恰恰是我爷爷的态度，无论是在事前还是在事后都没有跟我说一句要通知李子云，我只听命于他老人家一人，我没有被教会左右逢源、八面玲珑，那不是"夏衍"培养出来的孩子。一般来说，我去上海，爷爷都会让我去看李子云，她的家也是我们家人必要落脚的地方，尽管有这件事情发生，但是我没当成一回事，那一年还是照例奉命去了淮海中路 1984 弄。那是在中秋节期间，我到了 14 号三楼的李子云家，刚刚坐定，她即告之我，《文汇报》的两位老总今晚要请我吃饭，既不在计划中又无法更改了，我只得被她"拎"到一家高级餐馆，见到了史中兴和罗君，史中兴还特意送了李子云一盒中秋月饼，席间，李子云在漫不经心之间把我定了性："这是由我带来的夏衍家的孩子"，以至于提前有事要走的史中兴问我："你吃饱了吗？"等我明白过来，饭已经吃完了，一切结束。李子云在她的势力范围内成功地挽回了面子，将上一次的事情轻描淡写为偶然的突发事件。我不得不折服于她四两拨千斤的手法，兰气息、玉精神的李子云阿姨，同样有着浓重的人间烟火气，而且两者不相上下。

有前因必有后果，我毕竟是动了李子云"以此为生、以此为荣"的奶酪，以她和我的性格，"战争"的升级是必然的，在我爷爷去世及以后的五年里，我们之间的摩擦与“不和谐”达到了白热化。她牢牢地保持着“后夏衍时代”最具影响人物的地位，虽然从来不冲在台前，但是来自我们家族和文艺界一些老权贵的压力到现在我都能感觉得到。但是，我是在爷爷“自由化”的羽翼下长大的，冷处理、边缘化、打压甚至不许发稿子的“封杀”，都不能让我对“夏衍”的思索停下来。这一段时期，我与李子云阿姨拉开距离，不太有实质性的来往，到上海，我会跟谢晋联系、看望柯灵夫妇、住在黄蜀芹家……这些活动都尽量不去与她发生交叉，最多是礼节性地去问候一下。2000 年，在夏衍诞辰一百年的时候，李子云在看了我完成的有关夏衍研究的文字后，她没有公开出来讲话，从此，她再也没有发表关于夏衍的任何文章。

2000 年是个拐点，这一年我们全家搬出了大六部口街 14 号爷爷的旧宅，这对我们来说，意味着“后夏衍时代”也彻底地结束了，各自调整结构，开始新生活。很多陈年往事在那一刻瞬间跌进了历史的尘埃，所有的争执无形中都显得不那么有意义了。我将翻过去的这一页搁在一边，专业上开始了新的研究方向。

跨到了另一界面的我看事物的角度和视野都大有变化，与天底下所有的矛盾、冲突一样，我与李子云阿姨之间存在着立场和观念的深层分歧，这一点我是在两人关系趋于缓解以后才觉悟的。2000 年后的某个冬天，我到上海约好去了李子云家，一进门她就给了我一个“下马威”：“你来早了一刻钟。”这已经是我几年没跟她近距离接触了，我发现她比以前更精致、更漂亮了，皮肤白皙，面色红润，化了淡妆。她敏锐地感到我在盯着她的脸看，总觉得和以往有所不同，“我换了副眼镜”，果然，这副新眼镜选得真好，把她本来就很明亮的眼睛衬得更有神了。那天，她在妆容及穿着上做了功课，不像平时家居的随意样子，她解释说，晚上还有个约会。桃红的高领衫配深靛紫的毛衣外套，还带了一枚灿灿的胸针，两个字——出挑！看着她的神情，真要感慨“老”其实并不可怕。进入正题，她坐在我对面的藤椅上，我们开始聊天，聊着聊着，她悠悠地说：“别人问我一辈子过下来，什么时候最好？我想了想，是 50 年代，就像歌儿里唱的那样，解放区的天是明朗的天，那里的人民好喜欢……”双手跟着语气的舒缓一张一弛地摊开。我被此情此景“钉”在椅子上呆住了，她的语调完全不似从前，那些话似乎是从嗓子里“吟”出来的，而她的面前我好像是不存在的，像是在接受采访，又像是在舞台上面对着台下的观众。恍惚间，我出戏了，脑子里却突然有个“怪”念头一闪而过，虽然她和我相互都有“不得不”接受对方的情绪，但是“战争”已经正在向和平一步一步地走来了，她用“叛逆”一词就把我给总结了。这以后，我们常在电话里“煲粥”，分歧犹在却内容广泛，这是我们交往的真正开始，前二十几年更多的只是认识。

我们的话题当然离不开“夏衍”，对于这位我们曾共同拥有和爱戴的人，闲谈中百无禁忌，措辞上非常夸张、大胆。那一时刻的“夏衍”鲜活、生动、栩栩如生，全然没有官方话语中的概念化，因为我们知道这不是“大不敬”，而是独特的表达，其中的心领神会和心照不宣，不可与外人道。渐渐地我理出了李子云的逻辑，对具体到作为一个人的“夏衍”，我们之间没有分歧，正如同她极为赞赏万方笔下的曹禺。而对于夏衍研究，李子云的格局和条框凸显，心态“纠结”，我对“夏衍”的认识和理解不来自于她的体系，她所写过的、说过的从未让我醍醐灌顶过。李子云是感受型评论家，对人对事，用她的话说：“会有情绪化，能把喜欢的捧上天，反之也可以将讨厌的人打入地。”尽管在一上一下之间不乏精辟之见、独到之论，但这是把双刃剑，成在此，败也在此，过于忠实自己的感受，并长期依赖于它，反过来就会被它控制，最终跳不出来，无法超越。夏衍研究在近十年来已经被一再逐渐地抽空变成了符号，这对于正面的高度概括是需要的，但是历史的研究不能是抽象的，必须由细节的堆积构成，否则不管是人物还是事件都是空洞乏味的，这种研究本身也已经“死”掉了，一些研究文章中的“夏衍”对我来说，像是个“熟悉的陌生人”。“夏衍”作为活泼泼的生命曾经在上世纪存在了九十五个年头，他的人生，是时代的脉搏和个人的节奏互为关系的产物，正剧中不乏悲剧的成分，他是如何经历一生中的波澜壮阔或波云诡谲的？在经风雨、见彩虹的过程中，他是怎样从最初的沉醉，而后的挣扎、反思，到最后完成了蝶变？等等，对这些问题可深入的探究，才是我以为这一人物具有长久魅力和令人着迷的地方。我确定，从理论上讲，李子云对我的观点不会有太多的异议，但一牵扯到如何做就难以调和了。她是个经验丰富的人，对于难以掌控的局面，她会不由自主地选择“掣肘”，从动力到阻力往往是在一个人的身上转换完成的。她在2008年的时候领衔主“唱”，对我发表在《文汇报》上的一篇怀念爷爷的短文表示了第一次高调公开的赞许：“一气呵成。”这也可以看作是她要化被动为主动的姿态。李子云对夏衍研究的最后贡献是在2005年编撰《夏衍全集》时，她整理出了八十二封夏衍书信，并且未听某位权威人士的“劝阻”发表了。

李子云曾经在“文艺复兴”的80年代“竖起羽毛去战斗”过，写出了《为文艺正名——驳文艺是阶级斗争工具论》极具气场的文章。但是在她最后的二十年，攻势转为了守势，这很明显地反映在所写的文章上。2006年前后，她告诉我准备要写回忆录，这一消息使李小林、肖关鸿等人纷纷向她约稿，她要写50年代在市委“大观园”里的开心时光，我们家认识的马懋如被叫做“王凤姐”，李子云的外号是当仁不让的“林黛玉”；讲到她所见过的宋庆龄、陈毅与张茜、潘汉年和董慧、乔冠华与龚澎、王莹、石西民及“王、关、戚”的王力、张春桥等人的细节、片段。但是，最先让她动笔的是“文革”，切入的角度是凛冽寒风中的人间温暖，记述那些在受难时帮助她过的人：从最基本的革命群众到被关押时的女看守，甚至还出现了姚文元，李子云一直猜测，与张春桥动机不同的姚文元在某些时候用留下“材料袋”的“借口”“变相”地“保护”过她，这些人让她没齿难忘、感恩在心。我做她的听众，知道她在梳理摊在脑子里尚未拎起来的素材。有一阵时间，她不怎么说了，我也不问。再后来，她索性告诉我，不准备写下去了，身体是个主要原因，但言谈中放弃之余还有不舍。听后我直言不讳了，我觉得她所选的切入点一定会出问题，回避大悲剧、着眼小温馨的写法，在面对“文革”这样的重大题材时，点缀尚可，如果要使之成为主基调支撑不过八千字。这一次，她在电话的那头沉默了，我知道她大概写到了三千以上超不过五千的字数。我向她隆重推荐过前苏联电影《烈日灼人》（又名《毒太阳》），这是部描写斯大林“肃反”时期的片子，手法处理非常地高级、艺术化。李子云阿姨始终不看，还把碟片寄回给我。我很清楚，是选择性的记忆和“挣扎”的内心使她的写作陷入困境不能自拔。

李子云阿姨自诩同聂华苓一样有着“猎狗能嗅到骨头，我能闻出才华”的本事，这一点不假。在我刚刚写《中国电影产业史》的时候，她这位圈外人比许多搞电影的人还敏感，问我："题目你是自己选的，还是派给你干的？"等书出版了以后，又主动要去翻了翻，做出极为肯定的评价。其实，我的专业恰恰是我们谈话中涉及最少的内容，她很聪明地晓得，用"文学解释一切"路数是说服不了我的。她有一次跟我讲，80 年代"第五代"导演兴起，当时还叫孟克勤的李陀，希望通过她的传递，以影响我爷爷对这场电影革命的看法。肩负使命的李子云被带去会一会这群艺术青年，房门一打开，腾腾的烟雾直往外冲，每人手上一支点燃的"烟囱"，熏得人睁不开眼。胡子拉碴的田壮壮们或躺或卧，横七竖八地"倒"了一屋子，这帮人放荡不羁，混不吝，"三字经"更是不离口。这可把一向淑女感很强的李子云给吓着了，"我赶紧落荒而逃"。在她这儿，文学永远是排第一的，电影只是随便看看。她喜欢电影《如果 · 爱》，却拒绝看原版《色 · 戒》。

锋芒褪去了，没关系，"幺蛾子"还在。不写作、不开会、不发言，不等于切断了李子云与社会的联系，光鲜亮丽地闪亮登场，活色生香地活在当下，才是李子云的生活态度和不懈的追求。她调动起自己全部的回忆和想象将"小资"进行到底！因此，被"名媛"了，发展到有了"拥趸"。我从来都不是李子云甜腻腻的"小资"fans，但我也算是她在这方面交流互动的"小朋友"。李子云阿姨的时尚感有天赋也有修炼，每次见到我，她会习惯性迅速地从头判断到脚："这件紫色毛衣外套颜色很正，是名牌吧？""皮编的手袋从款式到皮质都像是意大利货。""你脚上这双玫瑰花图案的小高跟鞋是刚从维也纳买回来的？"……每一次都有点评。她眼力极准，很棒，所得结论往往是八九不离十。没有这点"功夫"，相差三四十岁的年轻人有谁会愿意约她这样一位七八十岁的老太太去泡咖啡馆呢？！李子云阿姨留给我的最后纪念，是她从纽约买回来的一枚郁金香花型的水晶别针，她专门关照说，戴出去"臭美"的时候一定要告诉她。

据说，陈（毅）老总在 50 年代，把我姑姑和李子云阿姨称作"老夏带着的两个女儿"，这一带就是近半个世纪的交情，而且把李子云带到了文化界的核心圈。这个圈子做人是一定要有"腔调"的，这对李子云不在话下，她是道中高手。90 年代，巴金过生日，她带着我爷爷送的九十多朵红玫瑰的花篮登门祝寿，报纸上说，这位女才子献上花篮后，对着巴金鞠躬并祝愿老人家“活到一百二十岁”，哄得巴老哈哈大笑，此为我的耳闻。我眼见的则刚好是相反的例子，同样是90年代，杜宣携夫人叶露茜从上海来看我爷爷，这在我的印象中杜宣上门不太常见的。一走进爷爷的房间，握手寒暄之后，杜宣开门见山地说：“我由于李子云的关系，这些年疏于来看望、问候您。”（大意）转眼间到了夏衍百年诞辰，上海图书馆举办纪念文献展，杜宣是那天出席嘉宾中资格比较老的，他上台发言，又是开门见山，他说：“夏公，用现在人的话讲，就是活得明白的人……”此言一出，全场气氛产生了很强的认同感。等讲话结束，杜宣落座不久，李子云即走上前去，俯在他的耳边说：“您讲得对极了，夏公就是个明白人。”云云。那天是个大场合，看见这一幕的一定不止我一个人。再有一件是李子云本人告诉我的，还是在90年代的一个冬天，《文汇报·笔会》年度评奖，当年的获奖者里有章含之，如果没记错的话还有易中天，而李子云则是评委。开座谈会的那一天，章含之好像是穿了一件貂皮大衣，雍容华贵的模样，坐下来大家闲谈了一阵，被簇拥着的章含之感觉大好，举止间随意地捋了捋自己的一头烫发说，这是昨天在锦江饭店烫的发型，要四五百块。在场的多数人都是些“两耳不闻窗外事”的书生、学究，听到章的这一席话都愣住了，其中的一位马上扭过头问李子云：“上海有这么贵的地方？”李子云眼睛一瞥，淡淡地说：“那有什么，给我一万块逛趟淮海路就花光了。”行走过“南书房”的章含之绝非等闲，很有眼色，她观察到在趋之若鹜的一群人当中居然有位不冷不热的，即刻向旁边的人打听李子云的来路，不用问，只要说出“夏衍”两个字来，章含之就全明白了。于是，吃晚饭时，章走到李子云面前礼貌地称其为“李老师”，并在宴会散场时，还帮李子云穿上了大衣，随后，两人客客气气地道了别。这场小小的“杯水之争”，是两位各据一方的名女人“作”功的一番较量。上海人讲，一生要端好三碗面——体面、情面和场面，李子云阿姨端了一辈子，而且端得是那么的稳，尽管她最不愿意被当成上海人。

我最后一次见到李子云阿姨是在2008年春，我去浙江、上海做电影市场调研，正好去看望她。那次，她住在华东医院，我到的时候，她站在病房门口张开双臂欢迎我，我们拥抱了片刻，我感到面前的她从未有过的娇小，柔弱得像个婴儿。我们坐下来说一会儿话，她微微抬起下颌，忽然对着我说：“你真是长成大人了。”说这话时离我第一次见到她已经过去了三十二年。一年以后她走了，我去吊唁，李子云阿姨的房间是我在上海老房子里最喜欢的屋子之一，尤其是它原来的那一墙绛粉底色上喷着白团花的壁纸，把整个房子衬托得像是旧巴黎一般，曾经重新装修要把壁纸铲掉时，我在电话里特地要李子云阿姨代我向老墙纸告别。而今，人去屋空，物是人非，站在改为灵堂的屋子中，李子云阿姨的气息已经不见了。恰好，我一回头看见房中书架的角落放着一双玫瑰金色平跟圆口鞋，悲伤一下子涌上来，那是她留下最真切的痕迹，仿佛是在说，她还没有走远……

我跟她聊起过，在一次活动上，看到她和王蒙夫妇在一起的情形，李子云阿姨与王蒙的夫人手拉着手，一路旁若无人的谈笑，相互搀扶，互相欣赏。我讲出了我的观察，她嘴上不肯承认。于是，我说：“如果等你百年以后，我把它写出来，算不算我的独家视点？”她听后，故意拉长声调应道：“好嘞，那你就写呗！”

现在我真的写出来了，因为她是一位值得我谈论和记住的人。

白崇禧将军台湾岁月

白先勇

1949年元旦，蒋介石在南京宣告引退，至1950年3月1日于台北宣布复职，这一年零三个月的期间，中国大陆以至台湾经历了天翻地覆的大变动——国民党在大陆失去政权，飘零迁台。

1949年最后一天，12月31日，父亲由海南岛海口飞到台湾。那正是大陆失守、天崩地裂的一刻，疑危震撼，谣诼四起，许多人劝阻父亲入台，认为台湾政治环境对父亲不利，恐有危险。当时父亲可以选择滞留香港、远走美国甚至中东回教国家，但他毅然到台湾。用他的话说，这是——

向历史交待。

当时朝鲜战争未起，海峡对岸军队随时可以渡海，台湾正处于险境环生的形势。父亲入台，就是打算要与之共存亡。父亲参加过武汉辛亥革命，缔造民国，北伐打倒军阀，统一中国，抗战抵抗外敌护卫国土，国共内战后父亲由武汉战退到南宁，打到不剩一兵一卒，虽然最后无力回天，但牵制彼军数月，让国民党军有时间迁台，期间曾数度提出“局部和平”。入台与共患难，是父亲当时唯一的选择，流亡海外，或老死异土，对他来说是不可思议的。他当然了解国民党的政治文化，亦深知他入台后可能遭遇到的风险，但他心中坦荡，回台湾，是报到归队。

他在台湾的晚年过得并不平静，作为一位曾经对国家有过重大贡献的军人，没有受到应该获得的尊重。父亲并未因此怀忧丧志。在台湾，他于逆境中，始终保持着一份凛然的尊严，因为他深信自己功在其国，他的历史地位绝不是一些猥琐的特务跟监动作所能撼摇。最后他死在中华台湾的土地上，是他求仁得仁。台南天坛重修落成，他替郑成功书下“仰不愧天”的匾额。综观父亲一生，这四个字，他自己也足以当之。

论及父亲与蒋介石的关系，现在台湾及大陆一些人往往喜欢夸大两人之间的矛盾，而且把矛盾变得琐碎。其实蒋、白两人之间的一些冲突，首先在二人的个性，二雄难以并立，两个强人相处，冲撞势必难免。且古有明训：勇略震主者身危，而功盖天下者不赏。其次，是两人在国家政策方面意见分歧时起的冲突。比如徐蚌会战，蒋介石与父亲在这关系民国命运的战役上，出现激烈争执，前后因果，使两人关系产生难以弥合的裂痕。但论者往往忽略了，蒋介石与父亲也曾有过长期紧密合作而得到良好结果的关系，父亲在北伐、抗战所立的战功，亦是蒋充分授权下得以完成的。蒋介石与父亲分合之间的关系，往往影响国家的安危，他们两人在国共内战期间，军事策略上未能同心协力、合作到底，是一大遗憾。父亲曾感叹过：“总统是重用我的，可惜我有些话他没有听。”他所指的，大概是他对四平街之役、徐蚌会战的一些献策吧。

1952 年 10 月 9 日，台北宾馆，国民党总裁蒋介石与该党中央改造委员会末次会议全体出席委员。与会者有蒋介石、于右任、陈诚、张群、郑彦棻、王宠惠、何应钦、父亲、朱家骅、张其昀、俞鸿钧、王世杰、吴国桢、蒋经国、沈昌焕、唐纵、张道藩、洪兰友等。

1950 年，台北“战略顾问委员会”全体成员合影。
父亲到台湾后，任职“战略顾问委员会”副主任委员，主任委员为何应钦（前排左二），另一副主任委员为顾祝同（前排左三）。委员会成员多为一级、二级上将，如薛岳、杨森、李品仙等。这些老将军北伐、抗战赫赫一时，曾为国家立下汗马功劳，到了台湾，世代交替，老将们都卸除了实权。

1950 年代，台北“战略顾问委员会”三巨头合影。
何应钦将军（中），乃中央军最资深的老帅，北伐、抗战以至国共内战，何与父亲（右）经常正副搭档，两人虽然所属系统不同，但相处融洽。父亲与顾祝同将军（左）是姻亲，顾家次女省生嫁给先诚三兄。在台湾，有军政活动，三位老将经常联袂出席。

1965 年，台北，父亲在阳明山与军队高级将领茶叙。
右起：黄镇球、顾祝同、石觉、胡琏、父亲、黄杰。

1960 年 3 月 18 日，“第一届国民大会第三次会议”期间，会议代表至松山机场参观空军飞行表演暨装备展览，父亲（左一）出任总领队代表接受军礼，中为“空军副总司令”徐焕昇。

1960 年代初，台北松山机场，父亲（左四）参观合影。
父亲一向重视空军，抗战时期任军训部长期间，建立空军幼校，许多到台湾的空军人都是幼校毕业生。
父亲对他们特别关注，与空军深有感情。

对于新式军备，父亲有无限的好奇心及研究精神。

1950 年，父亲与“党国元老”。
1950 年迁台，党国第二阶段历史在台湾又重新开始，那是一段“克难时期”，父亲与“党国元老”于右任（前排左二）、居正（前排左一）等合影于台北。

1950 年代初，台北县瑞芳镇，父亲访李老太太李白娘（前排中），与李家人李建兴（后排右三）等合照，前排右四是何应钦。

此照片应摄于 1950 年代初。父亲入台未久，应邀至南投县草屯镇参观，受到民众欢迎，白氏宗亲会并举标旗“源远流长”迎接。此时，离父亲因 1947 年二二八事件赴台宣慰不久，台湾人民尚存感怀之心。

1959 年 10 月 6 日，高雄左营，蒋经国等校阅海军舰队，蒋时任“行政院国军退除役官兵就业辅导委员会主任委员”。父亲（右一）、顾祝同（右二）、王叔铭（右三）、蒋经国（右四）、俞大维（右五）、彭孟缉（右六）留影。

1962 年冬，父亲七十大寿，“副总统”陈诚（前排左一）前来拜寿。

1952 年，台北，胡适（捧花者）自美返台，受到盛大欢迎，父亲（左一）、何应钦（右一）等到松山机场接机。

远在 1930 年代，建设广西那段期间，父亲与胡适已经结识。1935 年 1 月，胡适到广西游历了两个星期，参观了不少地方，他的《南游杂忆》中的《广西的印象》对广西建设有诸多好评。他称赞广西风气俭朴，治安良好，尤其对广西全省皆兵的尚武精神印象深刻，当时广西被称为“新斯巴达”。因中日战争迫在眉睫，胡适不禁感叹道：我们真不胜感叹国家民族争生存的一线希望是在这一辈武化青年的身上了。七七事变发生，广西马上在两个月内装备了四个军，共四十八团，开上前线，动员之速，全国之冠。在八一三上海保卫战中，广西军表现杰出，牺牲惨烈。

1951 年 2 月 14 日，台南天坛重修完成，父亲（前排左六）受邀参加典礼。

台南天坛俗称天公庙，原址本为延平郡王郑成功奉明正朔，筑台祭告上天的平坦空地，清咸丰四年（1854 年）才于祭天原址建庙立坛。父亲为天坛题额："仰不愧天"。

1951 年 2 月 15 日，台南，父亲受邀参加台南望族范大英与林素英订婚典礼，与范氏家族合影。

1951 年春，台北，父亲与美国蓝钦（左二）、韩国李范奭（右一）出猎。

1955 年冬，父亲与杨森以及寿丰乡长林意双诸人，同至花莲寿丰乡山上猎野猪。乘轻轨台车上山，未料火车站讯息错误，有一辆小火车迎面开来，父亲、杨森还有副官，一齐跳车，得以免难，林乡长不幸被火车撞毙。从前当连长父亲右腿就受过伤，走路一直微跛，这次跳车，又受重伤。杨森面上亦有青肿。
后来，此事被退休的情治人员谷正文演义成案子，即情治单位奉高层命令设计谋害父亲。这完全是捏造的谣言。没有如此笨拙的谋杀计划，何况还牵涉杨森等人。
父亲（左四）右扶拐杖，与杨森（前排右三）、花莲地方人士事后合影。

1950 年代初，父亲在围棋协会下棋，全神贯注。

1950 年代初，韩国围棋访问团至台北松江路一二七号家中，拜见父亲。

1966 年，台北松江路，林海峰返台探望父亲。
1966 年 1 月底，林海峰协同老师吴清源返台。前一年，林海峰以四胜二败击退坂田荣男，夺得“名人”头衔，二十三岁的林海峰成为日本“棋王”。在台湾，林海峰受到极大欢迎，蒋介石“总统”及宋美龄夫人接见。
林海峰到松江路探望拜候，与父亲在客厅中合影，两人笑容灿烂。父亲一定感到非常欣慰，十四年前送出去的小神童如今载誉归来，已经成为青年“棋王”了。林海峰品德很好，非常念旧，他旅居日本多年，始终未入日籍，日本人称他为“台湾来的林海峰”。
这是林海峰与祖父最后一张合照。这年 12 月，父亲便归真了。

1950 年代，台北家中，父亲与随从人员吴参谋祖堂（左一）、杨秘书受琼（左三）、杭参谋大龙（左四）合影。在台湾的淡泊岁月里，经常陪伴父亲的是随从他多年的秘书参谋，还有两名老副官。杨受琼是父亲的主任秘书，从重庆、南京、武汉，到台湾，跟随父亲数十年，一直到最后。这些老部下，对他都是忠心的。

他们最清楚父亲在台湾的生活点滴。吴祖堂说，父亲在台湾虽然没有担任要职，但该尽的职责仍然丝毫不苟。国民党小组会议，本为一种日常例行形式，父亲这一组都是几位校官部下，可是父亲从不缺席，认真开会。大概他认为身为国民党员，就该尽一份党员责任吧。吴祖堂很敬佩父亲这种敬职精神，身处逆境，仍能进退有据。

父亲送陈纳德及夫人陈香梅返美。父亲珍藏有赵孟頫骏马图一幅，珍品割爱，赠送陈纳德，感谢他对抗战的功劳。

1963年4月，宋子文返台，父亲在圆山饭店与宋子文合照。

1963 年 4 月，米勒医生夫妇抵台，父亲至松山机场接机。

1938 年抗战时期，父亲指挥武汉保卫战，与日军周旋五个月，异常辛苦，其间患了恶性疟疾，体重骤减二十磅，住入武汉东湖疗养院，治疗一周始告痊愈。疗养院的主治医生便是美籍米勒医生。米勒医生医术高超，父亲一直心存感激，念念不忘。此时米勒医生夫妇访台，父亲殷勤招待。

1950 年代初，台北，父亲与老将李品仙游碧潭。

1952 年 3 月，港九艺人访台，邵氏红星性格演员洪波来访父亲。洪波演《清宫秘史》李莲英一角大红。抗战期间，众多文化界、演艺界人士逃难到桂林，桂林一时有文化城之称。洪波是其中之一，在桂林演舞台剧，认识父亲。

1950 年代，台北松江路一二七号家中。

1950 年代，台北松江路一二七号家中。

1950 年代，台北松江路一二七号合影。

广西人有一句话："冇有怕！" 不要怕，就是天不怕、地不怕的意思。广西兵会打仗，喊一声 "冇有怕！" 就冲锋上阵了。父母亲就凭着 "冇有怕！" 这股广西的精神，度过一生大大小小的难关。在台湾，虽然四周时有无形的压力，但两人仍旧抬头昂首，"冇有怕！" 一二七号家中的小园子里，父母亲养植了许多盆栽，有不少人家送的素心兰，但也种了一些多刺的仙人掌。

1950 年代，台北松江路一二七号。
母亲所到处，都会带来阳光与温暖，她同情弱小，喜欢雪中送炭。
大伯妈有六个儿女，独独嫌弃桂英五姐。因为桂英倔强叛逆，常常挨打，母亲看不过去，把桂英接到我们家，一直养育到大学毕业，跟我们一样待遇。
有一回，一位晚辈来我们家松江路一二七号探望母亲，晚辈的父亲从前在大陆是一位高官，声势显赫，上海家居，派头很大，出入座车是凯德拉克，后来政治上受了打击，家势一落千丈，在台湾，过得相当拮据。晚辈骑着一辆旧脚踏车来，颠颠簸簸，满头大汗，而且还怀了孕。母亲看着不忍，抱了她一下，说道：“妹妹，你怎么怀了孕还骑脚踏车呢？”说着，掉下泪来。母亲怜惜那位家道没落的官家千金，也同情他们家的遭遇。

1950 年代，台北松江路一二七号，母亲与我们三兄弟。
在台湾，只有我们三兄弟（右先敬，左先刚，后先勇）陪伴着母亲，其他兄妹都出国念书去了，我们三个人也就成了母亲生活的重心。
家门口的一些空地，也种植了各种花卉。图中是扶桑花，母亲襟上簪了一朵。

1950 年代，台北阳明山上。
父母亲春天上阳明山赏樱花，两人也有乐以忘忧的时刻。

父母亲摄于松江路一二七号家门口。这幢房子，是他们最后患难与共的地方。

母亲盛装。

在台湾的五口家庭合影。

1952 年 5 月 18 日，父亲由回教人士陪同，南下高雄，会见军中回教教友。图为父亲（前排中坐者）与军官合影。

父亲摄于“佩璋厅”。母亲逝世后，父亲欢颜不再，剩下的是无穷无尽的哀思与怀念。亭中石碑上刻的是父亲亲笔书写纪念母亲的一篇悼文《敬悼先室马佩璋夫人》。

1955 年，台北松江路一二七家中，台湾克难时期留影。
右起：先勇、父母亲、先敬、先刚。

1956 年，台北松江路家中，先诚夫妇携法圣及先思、先德，由美返台。
母亲过世了，哥哥们都回台北探访父亲，母亲不在，父亲跟家人合照，仍显孤独。右起：先敬、先刚、先诚、三嫂顾省生、先忠、父亲、大嫂杨维端、先道、先明、先德。前排孙子法圣、孙女法贤。

1959年，台北，先慧携二女凌云、缦云返台探视父母。
每一位儿女从国外回来，家里都是一阵兴奋、骚动，父母亲从盼望到欢喜、不舍，然后枉然、失落，父母心的轮回周转，无休无止。

1965 年，台北松江路一二七号家中，母亲过世后，先智从香港返来探望父亲。先智搬到香港，全家回到台北探望父亲。母亲辞世后，父亲的哀伤无法终止，先智晚上睡在父亲隔壁房，半夜听到父亲的叹息，心疼老父，不禁暗泣。

1963 年，台北，父亲与先道一家。
右起：大嫂杨维端、父亲、先道、大孙女法贤。先道一直任职于经济部门。

1963 年，台北，父亲与先德。父亲律己严，对子女的管教也偏严，对我们的学业尤其紧盯不放，我们的家庭地位，几乎以学校成绩定高下。先德与父亲的关系比较复杂，他一直努力试图达到父亲超高的期望，所以有时候挣扎得辛苦。

1963 年春，台北松江路家，母亲过世后，先诚全家返台探望父亲。
右起：先诚、白家长孙法圣、父亲、先诚太太顾省生。

1951 年，台北松江路一二七号家门口，先明出国前与父亲合影。

先明已经出落成亭亭玉立的少女了，父亲对先明有这样的评价："三妹的字典里，没有一个坏字眼！"知女莫如父。父亲说中了先明最大的特质，对事对人，我们从来没听过她口出恶言。

三姑娘的善良并不表示她软弱。相反的，三姑娘是个极有个性、倔犟不屈的人，一旦做了决定，没有人扳得动三姑娘。我们十个手足，各有性情，但有一点是白家标记——倔强不屈，这大概是从父母亲那边遗传过来的，广西人"冇有怕"的蛮劲。

1963 年，台北松江路家中，父亲与先忠。

母亲过世后，先忠返台陪伴父亲，他们两人谈了许多军事上的事情，尤其是国共内战。尤其谈一九四六年夏，四平街会战林彪兵败，急往哈尔滨撤退，国军猛追。父亲说，从飞机上已经看到，国军的追兵越过共军追到前头了。父亲主张国军乘胜追击到底，打下哈尔滨，而蒋介石径自下停战令，遂让林彪部队回燃，席卷大陆。这是父亲终身最大遗憾，他对我亲口说过数次，对先忠又重复叙述，可见他对此事一直耿耿未能释怀。

1963 年，台北，父亲与先敬。

先敬是我们家的老幺，也是家中最精最调皮的一个。从小先敬跟随父亲的时候多，抗战胜利，父亲在南京就任国防部长，把先敬留在跟前做伴，每天下班回家，年方五岁的先敬很机伶地便迎上去，把父亲的公事皮包接了过来。对这个聪敏过人的幺儿，父亲始终有一份特殊的情感。

本来先敬在小学功课名列前茅，甚得父亲欢心，上中学后，先敬青少年期叛逆的性格便出来了，成绩不如从前，父亲爱之深、责之切，对先敬要求特别严厉。孰知父亲愈施压力，反弹愈大。原来先敬也秉承了父亲倔强不屈的性格，不是轻易就范的。

1963年1月，留学美国前夕，台北松山机场，先勇与父亲的最后一张合影。

一百年前孙袁会

张振文 许 述

1912年夏，孙中山应袁世凯之邀进京共商国是。在北京，孙中山逗留了二十五天（8月24日至9月17日），前十三天几乎每日与袁世凯面谈，最高记录从下午4点聊至次日凌晨2点，大有相见恨晚之意。一个是南方人，一个是北方人；一个是前总统，一个是继总统；一个是革命者，一个是老官僚；一个是理想家，一个是实干者。孙袁双雄会使报纸有了吸引眼球的标题，但孙袁会对民国发展并未起到推动作用。从某种意义上说，孙袁会有点像两只刺猬抱团取暖，贴不紧，暖不至。

袁目的何在

孙中山正式辞去临时大总统后（1912年4月9日），应黎元洪之邀来到辛亥革命首义之地。仅仅两天后，袁世凯的代表范源濂就持其亲笔信赶到武昌，邀请孙中山进京共谈国是。袁世凯虽如愿登上总统宝座，却被孙中山戴上了《中华民国临时约法》这个紧箍咒，暗恨不已。他这么快就邀请孙中山北上，其意何在？孙中山的总统大位被袁世凯抢走，对袁亦存恨意。但他最后应邀进京，又是出于什么考虑？政治家很少感情用事，所以孙中山与袁世凯都很容易跨过情感芥蒂的绊脚石直接会面。孙袁双雄会的旗号是共商国是，同促民国，但两人兜里其实都揣了条件。

袁世凯邀请孙中山北上，心中自有算盘，有了历史的纵深更容易看清。

一是试探孙中山。辛亥革命成功后，南北妥协达成了民国的统一，但南北仍互不信任，彼此猜忌。当时，南方传言袁世凯企图谋帝制自为，北方传言南方正在策划二次革命，看似平静的政治气候中酝酿着随时可能降临的暴风雨。袁世凯对长江以南的控制是有限的，他通过实战摸清了武汉革命军实力，但对其他地方尤其是宁沪革命军实力没有底，更不清楚南方革命党人下一步会有什么动作。据总统府军事处参议官唐在礼回忆，袁世凯邀孙中山进京的目的之一，就是想“摸清孙中山究竟有些什么打算”[1]。袁世凯夺得总统大位后似乎并不开心，1912 年 3 月 10 日就任“临时”大总统宣誓时，“其声微弱几不可辨”，身上的元帅服“领口松开”，神态“颇萧瑟有秋气”。而当他在 1913 年 10 月 10 日就任“正式”大总统时，则“精神甚矍铄，音吐甚朗，军服灿然”。[2] 为何？时移势易也。袁世凯就任临时大总统后，总忧心南方继续革命。宁汉是南方革命派的两大基地，孙中山去职不久即赴武汉与黎元洪相会，袁世凯能不见疑？他于此时邀孙中山北上（同时也邀请了黎元洪和黄兴），其动机不言而喻。1912 年 9 月 16 日，孙袁会即将落幕。袁世凯在饯别宴会上借醉探问孙中山：“方今革命克告成功，先生奔走数十年之目的已达，中华革命于是告终矣乎？”[3] 及后，宋教仁被刺杀，孙中山发起二次革命，但很快被北洋军打得落花流水。袁世凯见南方革命军不堪一击，孙中山等革命领袖落荒而逃，故就任正式大总统时心情十分舒畅。

二是笼络孙中山。探询孙中山卸任后有何打算只是袁世凯的第一步，更重要的是如何对付以孙中山为首的南方革命派。据唐在礼回忆，袁世凯邀孙中山进京的另一个目的是“进行拉拢，把中山置于自己掌握之中”[4]。权与钱是袁世凯施展笼络之术屡试不爽的常用工具，他对孙中山亦如法炮制。有两件事，袁世凯办得令孙中山十分满意。一为修筑铁路。孙中山卸任后从政治家改行为实业家，计划十年内筹建铁路二十万里。这是什么概念？中国铁路目前的总里程也不到十万公里。孙中山竟要在一百年前兴建铁路二十万里，实在有些痴人说梦，难怪袁世凯私下说他是“孙大炮”。而且，修筑二十万里铁路需耗资六十亿美元[5]，远非国内财力所能负担，惟有举借外债一途。而孙中山天真地自设“不碍主权”为前提，故“时人多认先生为空言”[6]。袁世凯明知孙中山修筑铁路的计划不可能实现，却偏偏满足其要求，就是为了笼络孙中山，给孙中山这帮失业的革命党找点事做，免得他们闹事。9月11日，袁世凯委任孙中山为中国铁路总公司经理，把慈禧专用的小火车拨给孙中山一行使用，而且巡游经费管够，并知会各地官员盛情款待。二为子女求学。孙中山离京后，还于当年岁尾请袁世凯帮忙办过一件私事。当时，孙中山的三个子女（孙科、孙娫、孙婉）在美洲念书，缺钱供给，他想为子女申请公费，但按留学章程不够资格。孙中山遂走后门，请袁世凯出面下拨官费资助。[7]如此，孙中山无论于公于私还是大事小事都受了袁世凯恩惠。袁世凯有理由相信已成功笼络住孙中山，若不出意外，孙不至于和自己对着干。

三是利用孙中山。不管孙中山是否应邀北上，袁世凯都有利可图。民国著名记者陶菊隐当时就看出，袁世凯打着稳赚不赔的算盘：孙若进京，袁可借之压制同盟会中的激进派，粉饰中国统一，争取各国承认；孙如拒邀，袁便可记下一笔账，认为同盟会不要和平不肯合作，为日后讨伐南方找借口。[8]孙中山进京确实可为袁世凯解决大小远近不少麻烦。一是表明袁氏当国乃众望所归。袁世凯就任临时大总统后，想向国内外显示自己得到全国各党派各阶层一致拥护与支持。因此，他既邀请孙黄等革命派领袖进京，也邀请康梁等保皇派首领归国。孙中山若北上，表明南方革命派承认和服从袁世凯的领袖地位，袁氏当国更顺理成章。二是为袁世凯解决政党政治问题。袁世凯连秀才都考不上，今竟上位民国总统，按理该满足了。但袁世凯的大总统当得很不称心如意，参议院和内阁总跟他过不去，一心要分总统的权。唐绍仪和陆徵祥两个总理先后辞职不干，袁世凯提名警察头子赵秉钧为内阁总理，参议院又饶舌不予通过。袁世凯头都大了，觉得共和就是不和，民主就是无主。他闻知国民党即将成立并欲邀孙中山任党魁，便欲借助孙中山的威望压制参议院那帮同盟会员。

孙想要什么

一般认为，孙中山进京见袁世凯完全是为民国前途着想，但有个细节不为人注意：孙中山早在1912年4月上旬就接到袁世凯请其北上的邀请，之后又收到两次邀请，但他迟至四个月后才启程北上。这四个月里，孙中山忙着赴武汉见黎元洪，去上海与党人联络感情，回广东老家衣锦还乡。孙中山长期旅居国外，上述动作有助于扩大他在南中国的影响。试想，孙中山若切盼南北统一与国家和平，何以北上迟迟？就在几个月前，孙中山还在要求袁世凯到南京就职并遵守《中华民国临时约法》。几个月后，孙中山北上进京，难道毫无私念而仅仅为了成全袁世凯？北京双雄会，袁世凯必有所求，而孙中山也准备好了自己的条件。

一要兴建铁路之职权。孙中山入京前公开表示，北行的目的之一是“赞助袁大总统谋国利民福之政策”[9]，其实就是请袁世凯赞助他修筑铁路。孙中山卸任后将兴趣转向实业和铁路，认为“交通为实业之母，铁路又为交通之母”[10]，甚至将铁路的重要性提高到决定国家贫富的战略高度。在总统任上，孙中山没有一次谈到民生主义和平均地权，而今突然想办实业和铁路，主要有两个因素：一是经历。孙中山长期避居海外，不了解国内情况。卸任总统后，他由胡汉民等陪同在南中国进行游历考察。期间，孙中山对交通不便有了直接而深切的感受，遂生筑路之念。二是知识。孙中山兴建铁路的想法既出自切身感受，亦有他了解的外国经验为基础。孙中山认为，美国在修筑铁路之前一贫如洗，向外国贷款修筑一百二十万里铁路之后才富强起来[11]，中国亦然。不过，干革命需要钱，搞建设更需要钱，孙中山计划筑路二十万里，需数十亿美元巨款，谈何容易。孙中山长期在海外筹款，往往以“革命成功后如何如何”作为条件请求华侨购买国债或争取外国资助。但他的承诺信用不够，实为空头支票，人家不怎么买账。现在革命成功了，国家统一了，若以政府名义筹款，想必不难。现在，孙中山有机会向袁世凯开口要求赞助，同时争取参议院和政府的筑路“许可证”。

二要十年之后的总统。孙中山是否有总统梦？表面上，孙中山对总统之位看得很淡。为推翻清廷，他慷慨让位与袁世凯。到北京之后，他又多次表示不参加第二任总统竞选，让袁世凯任职十年（据《中华民国临时约法》，民国总统任期五年，可连任一次[12]）。但值得玩味的是，宋教仁早在1908年就说他是“野心家”[13]，可谓话中有话。其实，孙中山放弃总统之位有难言之隐，是不得已而为之，也是权宜之计。孙中山结束十余年的海外漂泊生活，回国做了三个月临时大总统，发现民国总统不好干：外国不承认、各省不听话、府库没有钱。尽管如此，孙中山也没想把总统之位让给袁世凯，而是一心策划六路北伐，武力统一中国。之后，孙中山为时势所迫辞去总统职务，虽心有不甘，倒也有如释重负之感。他赴京前（1912 年 8 月 22 日）致信宋教仁：“民国大局，此时无论何人执政，皆不能大有设施。盖内力日竭，外患日逼，断非一时所能解决。”[14]言下之意，我干不好，他袁世凯未必就干得好。显然，孙中山是在给自己找台阶下。在京期间，孙中山表示十年内不问政事，让袁世凯放心干满两届总统，表面上是高姿态，其实也有他自己的长远打算。孙中山自承“维持现状，我不如袁”[15]，干脆将时艰付诸袁世凯处理。他与袁世凯第二次见面后（8 月 26 日）对议员汤漪表示：“袁总统大才，予极盼其为总统十年，必可练兵数百万，其时予所办之铁路二十万里亦成，收入可决每年有八万万，庶可于各国相见。”[16]换言之，袁世凯建设民国十年后，孙中山再出任总统便有更好的根基。值得注意的是，孙中山承诺十年不问总统并非出于自愿，而是袁世凯要求的。唐在礼在回忆录中透露了一个非常重要的信息：袁世凯要求孙中山“向全国公开表示永远不愿做大总统，专心为国家搞实业”[17]。孙中山很可能没有答应“永远”不作总统，而是讨价还价，把在野期限缩短至十年。对袁世凯来说，这个条件可以接受。因为袁氏家族的男人一般活不过六十岁，而按照孙中山的承诺，袁世凯的总统可以当到 1922 年的六十三岁。总之，孙中山自认“规划将来，袁不如我”[18]，并未放弃其政治抱负。到京第十天，孙中山终于忍不住表示：“十年之后，国民欲我出来服役，尚不为迟。”[19]

三要北方民众之民望。孙中山长期漂泊海外，待在国内的时间不多，更很少去北方。因此，孙中山此番进京实际上是一次在北方民众中扩大自己影响的好机会，为自己十年后顺位总统作铺垫。而且，孙中山即将启程北上时的一个突发事件增加了孙中山的民望。8 月 16 日，革命元老张振武[20]和方维[21]在北京未经审判即遭枪杀。不少同盟会员担心袁世凯摆鸿门宴，纷纷劝阻孙中山等进京。袁世凯同时邀请了南方革命派的三巨头孙中山、黄兴和黎元洪北上，黄、黎二人都因“张方案”留在南方（后黄兴于 9 月 11 日进京，而黎元洪始终未北上），惟孙中山一人北上。因此，舆论对孙中山评价很高。路透社评论道：“一般舆论皆谓孙君抵京，可谓民国历史之一大纪念。即最守旧之人民，以孙君虽经多人力劝勿作此行，并尚有人加以恫吓，而孙君竟置之不顾，毅然来京，其度量自超人万万。故北人咸相钦忭，诚不负英雄之望也。”[22]

孙袁如何互评

孙中山对袁世凯留下了非常好的印象，也作出了非常高的评价。孙中山卸任临时大总统之初对袁世凯很不信任，不但要其到南京就职，还为袁量身定做了旨在限制其权力的《中华民国临时约法》。不过，8 月 24 日孙袁首次见面后，孙中山的态度就发生了一百八十度大转弯：“袁总统可与为善，绝无不忠民国之意。”[23] 他还呼吁国民不要对袁世凯妄加猜疑和攻讦，否则将“激迫袁总统为恶”[24]。无论在公开场合还是私人信件中，孙中山对袁世凯的评价都很高。民国著名记者黄远庸认为袁世凯的新知识和新思想不够，孙中山立即纠正：“他是很清楚的。像他向来没有到过外国的人，能够这么清楚，总算难得的。”[25] 在给黄兴的信中，孙中山也写道：“到京以后，项城接谈两次。关于实业各节，彼亦向有计划，大致不甚相远。至国防、外交，所见亦略相同。”[26]

孙中山不知道，袁世凯的新派只是相对于顽固派和守旧派而言，他对民主共和的了解其实十分肤浅。袁世凯的机要秘书顾维钧（袁随时咨询于他）指出：“袁世凯不懂得共和国是个什么样子，也不知道共和国为什么一定比其他形式的政体优越。”[27] 孙中山觉得袁世凯颇有见地，乃是袁为与孙交谈做足了功课之故。袁世凯做事目的性极强，当初为劝动隆裕太后及溥仪退位，他竟搬出法国大革命的例子，大讲法国太后被砍头的故事，把人家孤儿寡母吓得够呛。袁世凯知孙中山长期游历海外，便狠下工夫，通过僚属了解了不少外国知识。例言之，当孙中山与黄兴邀请袁世凯加入国民党时，袁竟搬出英国女王“不党”的例子加以婉拒，弄得“外国通”孙中山哑口。

一切尘埃落定后，孙中山对袁世凯进行了盖棺定论：“跟他刚一见面，他是至诚至真的样子；进一步谈，你会发现他话中有锋芒，眼光四射，一般人是窥探不到他的真心思的。我是心中存疑，所以也以一派城府相对。等到日后看他做的事情，全跟说的不一样。他真是一个魔力惑人的命世英雄啊！”[28]

袁世凯极有城府，善于隐藏自己的想法，他对孙中山的评价只有两次。首次见面后，孙中山在别人面前对袁世凯大唱赞歌，袁世凯也在旁人面前说了孙中山好话，但无关痛痒："不图中山如此嘹亮！"也就是说孙中山嗓门大。孙中山经常发表演讲，与袁交谈时声若洪钟，此亦自然之事。孙中山离京后，袁世凯终于在亲信面前对孙中山进行了直接而准确的评价："孙中山志气高尚，见解亦超卓，但非实行家，徒居发起人之列耳。"[29]

很傻很天真吗

站在道德立场评价政治人物，可能会用错标准，因为道德标尺下几乎不会有一个无瑕"好人"。孙是一名政客，要在政坛，就必须适应、遵守和利用这个圈子的游戏规则。为了国家的长远利益，不得不让出家国部分利益[30]；为了恭维阎锡山，不得不说武昌起义后山西第一个响应[31]（第一实为湖南长沙，山西太原是第四个）；为了转嫁给不支持自己北伐的陈炯明，不得不杀粤军总司令部中将参谋长邓铿[32]；为了维护正面形象，不得不杀名记者黄远庸[33]。如果认为他是一个天真的老实人，那就错了。

袁对孙以总统之礼盛情款待，刻意放低身段和姿态，还假意赞同孙很多意见和建议。因此，很多人认为孙完全被袁玩了，甚至有人说孙"像少女般天真"。这实在是太低估国父的智商了，其实孙也在"玩"袁。随举三例：

政体选择。1911 年 11 月 21 至 23 日，孙中山回国前接受《巴黎日报》记者采访时，明确表示中国政体应效法美国实行总统制，"除此之外，无论何项政体皆不宜于中国"[34]。结果，孙当选临时大总统后，与主张内阁制的宋教仁发生了不可调和的冲突。最后，因黄兴支持孙，宋落败。有意思的是，孙被迫将总统之位让与袁之前，紧急出台了一部《中华民国临时约法》，其核心思想即"强总理弱总统"，意在限制袁的权力。不久前宣称惟总统制适合中国，当总统时实行总统制，为何袁上台就不适合总统制？《中华民国临时约法》被袁称为“紧箍咒”，孙可没想戴在自己头上，其对政党政治的态度值得玩味。他对宋教仁改组国民党制约袁世凯的做法采取了超然的态度——既没有阻止，也不够支持。8 月 25 日 14 时，国民党召开成立大会，党魁竟迟到了整整一小时。孙如果很重视，当不至此。8 月 28 日孙袁第四次密谈时，袁问民国实行总统制还是内阁制为宜？孙不肯表态。袁一再逼问，孙不得已，但回答模棱两可，最后还是把皮球踢了回去：“今之时宜政党内阁欤抑超然欤，请君裁夺之可也。”[35] 9 月 4 日，孙就政党政治问题甚至公开对名记者黄远庸说出这么一番话：“一时是没有什么法子的。让他们自己闹闹，闹过几年，自然明白。”[36] 是日晚，国民党选举孙作理事长，他竟当场推辞，后勉强就任，亦不过挂名而已。也许孙很矛盾，一方面，想利用政党政治限制袁世凯，另一方面，又担心政党政治发展成熟，十年后当总统时作茧自缚。

迁都之论。孙中山在北京提得最多的两个词，除了铁路，就是迁都。据笔者统计，孙中山在各种场合（私人谈话、接见记者、参议会演讲、与袁世凯密谈）至少五次提议迁都[37]。他甚至把新都的地点都替袁世凯想好了——南京或武汉最好，次之开封。曾记否？孙中山让位与袁世凯的条件之一就是到南京就职。孙中山在北京屡屡发表迁都之论，其实还是想将袁驱至南方革命派的势力范围（南京或武汉）。孙中山担心袁世凯不肯，也主动进行了妥协，以袁世凯的家乡河南作为新都替补。

三个细节。之一，直接赞袁又间接骂袁。28 日，《大陆报》问及南北交离之事。孙表示：“彼与袁世凯皆为之魁，自有能力以阻。”[38] 但孙创办的《民国西报》（1912 年在上海创办的英文报纸，主要用于对外宣传）却不断攻击袁。在当晚袁为孙举行的欢迎宴会上，有人以此质问，孙言辞闪烁，答称此系言论自由且自己管不到该报。[39] 之二，看望袁的反对派。29 日，辛亥革命四烈士（彭家珍、杨禹昌、黄之萌、张先培）迁葬至北京西郊万生园，孙亲往送葬。四烈士中的后三位身份特殊，他们为促袁迫清帝退位，曾谋炸袁。孙为此三人送葬，袁得知后恐怕不会愉快。之三，不让袁放心。9 月 16 日，袁为孙饯行，借醉询问孙是否要继续革命。孙中山答：“满清幸已推翻，如云国中革命从此告终，恐未必然。”[40] 四个月前，当着广东家乡父老的面则说过：“共和之国，只有改良政治之事，更无二次革命之可言。”[41] 进京第二天，孙出席国民党成立大会进行演说时也表示：“破坏已终，建设伊始。”[42] 为何前后矛盾？似乎只能理解为这是政治智慧和斗争策略。

余论

袁世凯在辛亥革命成功后邀请孙中山进京，这与蒋介石在抗日战争胜利后邀请毛泽东赴渝实有异曲同工之处。袁世凯草草杀掉张振武和方维，南方革命党人劝阻孙中山北上，蒋介石违背诺言囚禁张学良，延安亦多劝毛泽东勿往重庆；袁世凯与孙中山互呼万岁，蒋介石与毛泽东亦互呼之；孙袁会不久，二次革命爆发，毛蒋会不久，国共内战爆发。

征引及参考文献

1. 唐在礼：《辛亥前后的袁世凯》，吴长翼编：《魂断紫禁城：袁世凯秘事见闻》，北京：中国文史出版社，2001，第106页。

2. 此据作为当事人的记者梁漱溟、袁世凯顾问莫理循、记者黄远庸（即黄远生）、国会议员韩玉辰等回忆。见傅国涌：《主角与配角：近代中国大转型的台前幕后》，武汉：长江文艺出版社，2005，第175、176页。

3. 王耿雄：《孙中山史事详录 1911—1913》，天津：天津人民出版社，1986，第418页。

4. 唐在礼：《辛亥前后的袁世凯》，吴长翼编：《魂断紫禁城：袁世凯秘事见闻》，北京：中国文史出版社，2001，第106页。

5. 上海《时报》，1912年9月3日。

6. [台]台北党史会编印：《国父年谱》(上册)，1965，台湾各界纪念国父百年诞辰筹备委员会，第442页。

7. 周新国、丁慧超：《孙中山三识袁世凯》，《炎黄春秋》，2002年第8期，第24页。

8. 陶菊隐：《袁世凯真相》，北京：线装书局，2007，第183页。

9. 《与招待员施愚等的谈话》（1912年8月24日），《孙中山全集》（第2卷），北京：中华书局，

1982，第 406 页。

10.《在上海与〈民立报〉记者的谈话》(1912 年 6 月 25 日)，《孙中山全集》(第 2 卷)，北京：中华书局，1982，第 383 页。

11. 王耿雄：《孙中山史事详录 1911—1913》，天津：天津人民出版社，1986，第 403 页。

12.《中华民国临时约法》，上海：商务印书馆，1916，第 11 页。

13. 张耀杰：《宋教仁架空孙中山》，《经济观察报》，2011 年 3 月 22 日。

14.《致宋教仁函》(1912 年 8 月 22 日)，《孙中山全集》(第 1 卷)，北京：中华书局，1981，第 404 页。

15. 上海《民立报》，1912 年 9 月 3 日。

16. 上海《时报》，1912 年 8 月 30 日。

17. 唐在礼：《辛亥前后的袁世凯》，吴长翼编：《魂断紫禁城：袁世凯秘事见闻》，北京：中国文史出版社，2001，第 108 页。

18. 上海《民立报》，1912 年 9 月 3 日。

19. 上海《民立报》，1912 年 9 月 3 日。

20. 张振武：1870 年生，湖北人。曾在日本早稻田大学学习政法，1907 年入同盟会。武昌起义中，张振武发挥了重要作用，与孙武、蒋翊武并称"三武"，起义成功后任湖北军政府军务部长。及后，张振武与黎元洪发生矛盾，由黎元洪罗织罪名，被袁世凯杀害于北京。

21. 方维：曾任湖北军务司副司长。

22. 上海《民立报》，1912 年 8 月 25 日。

23. 上海《民立报》，1912 年 8 月 27 日。

24. 上海《民立报》，1912 年 8 月 27 日。

25.《在北京答记者黄远庸问》(1912 年 9 月 4 日)，《孙中山全集》(第 2 卷)，北京：中华书局，1982，第 445 页。

26.《致黄兴电》(1912 年 9 月 6 日)，《孙中山全集》(第 2 卷)，北京：中华书局，1982，第 450 页。

27. 顾维钧著、中国社会科学院近代史研究所译：《顾维钧回忆录》(第 1 册)，北京：中华书局，1983，第 92 页。

28. 李宗陶：《告诉你一个真实的袁世凯》，《南方人物周刊》，2009 年第 44 期。

29. 维基百科之"黄兴"条目。

30. 李敖：《孙中山与卖国大比赛》，《孙中山研究》，台北：李敖出版社，1987，第 101—136 页；袁伟时：《从孙中山在辛亥革命后的迷误看中国民主之路》http://www.21ccom.net/articles/lsjd/article_201001204141.html（香港共识网）

31. 李敖：《孙中山的一个错误》，《孙中山研究》，北京：中国友谊出版公司，1999，第 68—76 页。

32. 叶曙明：《1922 年的陈炯明与孙中山》，《南方周末》(往事版)，第 1001 期，2003 年 4 月 17 日。

33. 纪彭：《黄远生：第一个被狙杀的自由主义记者》，《文史参考》，2010 年第 16 期。黄远生即黄远庸。

34.《在巴黎的谈话》，(1911 年 11 月 21—23 日)，《孙中山全集》(第 1 卷)，北京：中华书局，1981，第 563 页。

35.《申报》，1912 年 9 月 3、7 日。

36.《在北京答记者黄远庸问》(1912 年 9 月 4 日)，《孙中山全集》(第 2 卷)，北京：中华书局，1982，第 445—446 页。

37.8 月 26 日与议员汤漪谈话时、28 日与德国及日本记者谈话时、30 日在北京参议会发表演讲时、31 日在参议院举行的招待会上；9 月 3 日与袁世凯第十次谈话时。

38.上海《天铎报》，1912 年 8 月 30 日。

39.王耿雄：《孙中山史事详录 1911—1913》，天津：天津人民出版社，1986，第 365—366 页。

40.王耿雄：《孙中山史事详录 1911—1913》，天津：天津人民出版社，1986，第 418 页。

41.《通告粤中父老昆弟书》(1912 年 4 月),《孙中山全集》(第 2 卷),北京:中华书局,1982,第 352 页。

42.上海《民立报》，1912 年 8 月 31 日。

往 事

铃木的使托

阿 班

对于近卫文麿其人，欧美各国的认识向来不准。他财富不多，但血统几乎与当今的日本皇族同样高贵。日本各派系都巴结他，想攀上关系，因为谁都知道他是日本政坛的“未来红人”。在海外，他给人的印象是个反军国主义的自由派人士，事实却远非如此。1936 年，一名位高权重的日本将领在沈阳告诉我说，其实，早在 1935 年，他就与日本军方私下勾结了。从那时起，军中的好战派已将他视为手中的“王牌”。

近卫亲王首次荣任日本首相一职是 1937 年初夏的事。消息一经公布，《纽约时报》马上发电报到上海，指示我写一篇一千五百字的通讯稿，介绍此君任首相后，对日中关系会带来何种影响。

我的文章于 1937 年 6 月底登在《纽约时报》。其基调及立场，与各报围绕此事的相关文章及社论迥然对立。我写道，若以为近卫是热爱和平的自由派人士，那就大错特错了。他升任首相一职，恰恰说明军中的好战派已准备进攻中国。秋天之前，日中的敌对行为必将升级。

不出我的所料，7 月 7 日，日军就在北平外围的卢沟桥对中国军队发起进攻。三星期后，即 7 月底，我到天津采访战事，正值日本飞机对该市狂轰滥炸，将南开大学炸成废墟。在外国人聚集的天津总会，我发现登有我那篇文章的《纽约时报》已经运抵，大家正争相阅读，非常抢手。

近卫文麿的个性颇为奇特。他意志不坚，缺乏动力。但正如所有软弱犹豫者一样，他常在意想不到的时候，突然变得格外固执。近卫还是个随波逐流的老手。他在首相的位子上三起三落，多次患上“外交不适症”，以此为借口引退，让陆军和海军中的对立派系自己去斗个你死我活。等双方斗出了眉目，近卫亲王就康复了，变得格外矫健，干脆利落地作出决断。而他的立场，永远站在胜者的一边。近卫文麿的玉体似乎也欠康健，频繁地感染风寒。每当官方宣布首相因罹患感冒，不能见客时，东京便谣言满天飞——他是真的病了，还是又发生了新的内阁危机？

总体而言，近卫文麿是甘愿被日军中的好战派当工具使的。但因为性格关系，他对此也常有疑虑，患得患失。他至少有两次暗中行事，希望做出妥协，终止在华战争。其中一次，他让我充当他的密使，向蒋介石面陈他的想法。那一次，他确实想背叛军方的极端派，尽管正是那些极端派，将他推上了首相的高位，又让他在位子上坐稳。

此事发生于 1938 年 10 月中旬。十个月前，日军攻陷了中国首都南京，国民政府临时迁往武汉。不久前，即 1938 年夏，日军又海陆空三军配合，沿长江西进，先是攻下安庆，继而拿下九江。到秋天时，武汉已是岌岌可危了。

10 月 13 日，一个叫铃木文四郎的日本人到我的办公室拜访。虽然铃木常在美欧旅行，但他在美国罕有人知。在日本，他却是闻名遐迩。他是东京和大阪多家日文报纸的大股东，也是个著名作家和评论家。

铃木与我交谈了半个小时。他倒是畅所欲言，无所顾忌。他指出日本在华的几场战役进展都太缓慢，代价也太高；又批评军界将领贪婪腐败。他还说，日方对待华人太残暴，即便对有地位的华人，手法也极其拙劣，剥夺了他们最起码的自尊，不断将这些人推向自己的对立面。等等。

铃木的这种举动，在日本人中是极不寻常。我不禁怀疑，他可能就是军方极端派的密探，故意在我面前说主人的坏话，想套出我的真实想法。因此，我每句话都小心翼翼，以免被他抓到把柄。这么漫无边际地谈了许久，我对他说，非常抱歉，因为另有重要约会，恐怕要失陪了。

他一听，慌乱起来，道：“可是，我还有急事跟你商量，是件高度机密的事情。我这次来的身份，是近卫亲王的使者，”说着，从衬衣口袋里摸出一叠纸，“这是我的身份证明，日文和英文的都有，请过目。”

我连串问：“这是怎么回事？近卫亲王怎么会派你来找我，你的任务又是什么？”

铃木道：“是这样的，首相很想停止这场战争。他认为，攻下武汉，只不过是种军事上的手淫行为。因此，他希望在武汉陷落前，可以背着陆军，先跟中方达成和平。”

铃木暂时只能透露这些。他坚持说，我必须专门为他拨出两个小时，以便他向我详释整个计划。于是大家约定，各自先忙自己的事，当天晚饭后，再到我的住所聚首。他叮嘱道，我必须利用这段时间，先去验证他的身份。我可以把他的文件给时任日本驻华无任所大使的多仁过目，也可以给日本驻沪总领事过目。

我不敢大意，赶紧让无任所大使和总领事分别验证了文件的真实性。两人都确认说，信是近卫首相的亲笔，信中说，铃木此人百分百可信，他的任务，是向我传递口信，其内容具有“最高等级的重要性”。

这下我才确信不疑。当晚便再度与铃木碰头。那时是 1938 年 10 月，整个世界都在赞叹所谓“外交新技巧”。张伯伦专程飞往慕尼黑会晤希特勒，号称要赢得“我们这个时代的和平”。但铃木进门后就说，张伯伦的思路，其实比近卫首相晚了整整一年。因为一年多前，近卫就提出要飞赴南京，亲自与蒋介石达成中日和平协议。

铃木道：“去年 7 月，北平附近爆发冲突后，我去见当时的外相广田。广田是我多年的密友。我敦促他说，赶紧给蒋介石将军发电报，表示愿意飞往南京面晤蒋介石，以便尽力化解中日之间的争端。我当时的提议，与张伯伦上月飞慕尼黑的做法，其实是如出一辙的。广田听了，认为很有道理，就与近卫首相商量了此事。近卫也认为，这建议很好。他还提出，应该由他亲自出面，飞往南京见蒋介石。随后，内阁中的文官成员就此事进行了冗长的讨论，最后否决了我的建议，理由是，这么做的话，日本会‘太没面子’。”

此事可以视为近卫首相第一次尝试改变对华政策。此举对于军内的激进派，可说是一种背叛。近卫默许了日军发动卢沟桥事变，而事变的后果，又使他慌了手脚，进而对此事的意义产生了怀疑，不知任其发展下去，会将日本帝国引往何处。所以他才急着要去南京与蒋介石谈判，期望达至长久和平。此事之所以胎死腹中，估计是内阁中的某些文官成员向陆相和海相报了信，后者出面阻挠，于是“我们这个时代的和平”终于无疾而终。

近卫这次的动作，可算是他的第二次和平努力，也是他第二次背叛军方中的极端派。他做出的安排，通过铃木之口说出来，让我听了，觉得几可媲美好莱坞电影中的国际间谍战情节。

铃木说：“近卫亲王知道，你是蒋总司令的朋友。只要你向蒋总司令保证这确实是近卫亲王的建议，他就会认真考虑。既然你已经验明了我的正身，我就要冒昧请你陪我去一趟汉口，向蒋介石提交我的身份证明，同时向他提交首相制订的日中和平建议。首相的意图，是要限制陆军肆意扩张，以免他们发展得过于强大，危及日本政府的存在。

“首相担心的是，如果陆军攻克了武汉，继而征服整个中国，日本自身也会置于赤裸裸的陆军独裁统治之下，日本帝国就会彻底被毁。这是因为，一旦日本征服了中国，我国的军国主义分子就会挑战美国及欧洲列强在远东的地位，后果不堪设想。他认为，应该不惜代价，防止这种情况发生。日本人民对这场战争已经非常厌倦了。这种情况下，如果近卫亲王突然公布了一项合理的日中和平协议，陆军是不敢硬将这场毫无意义的战争拖延下去的。”

我打断铃木说，上海和武汉之间的通讯已经全部切断了。中国各地通往武汉的铁路，只有粤汉铁路还在运行。长江已完全被日本海军控制，加上两岸战事激烈，因此水路根本无法通行。即便人不去，采用邮寄，也行不通，因为邮寄的话只能绕道香港和广州，又慢，又不可靠。至于上海和武汉之间的有线和无线电报，要么已经被破坏，要么完全受日本检查人员的控制。虽然可以将近卫首相的建议通过有线电报发到香港，再从香港转发到武汉，但这么一来，就完全无秘密可言了，因为日本的间谍和情报人员无所不在，并且掌握了所有的密电码，包括远东美国海军和外交使团使用的密码。我问铃木，这种情况下，我如何与蒋总司令取得联系？就算联系成功，蒋总司令也愿意接见我们，我们又如何前往武汉？

没想，东京方面早就通盘考虑了所有情况。铃木说："如果蒋总司令同意见我的话，我想请你陪我飞往武汉，或飞往他指定的任何地方。近卫亲王会作出安排，由日本政府派一架京沪线的民航客机送我们。如果蒋总司令对这一安排不放心，他可以自派任何中立国的飞行员，比如美国飞行员及机组成员，开自己的飞机来接我们去内地。无论是谁的飞机，机身标志可以由他事先指定，以便飞行和降落时不遭到攻击。

"在飞行过程中和在武汉期间，我愿意被蒙上双眼，只在与蒋总司令会谈时除去蒙布。在武汉期间，我同意放弃行动方面的自由。我们的计划是，飞机起飞后，先假装朝北平方向飞，等飞出了日本观察员的视线范围后，再折向西面，飞往武汉。万一日本观察员发现飞机改变了方向，或无线电监听人员听出了异常，再要求日本战斗机追击的话，由于我们已经有了很大的提前量，足够摆脱他们。

"如果蒋总司令不同意这个安排，我愿意和你一起乘美国轮船去香港，然后从香港搭英国飞机或中国飞机去武汉，具体由蒋总司令安排。"

我说，飞行方面的安排看来已甚为到家，但最大的困难，是如何将我们登门拜访一事，先知会蒋总司令。目前的形势是，日军正沿着长江快速向西推进，中方在各地的防线许多已岌岌可危了。若以信件方式通知的话，邮件经香港转武汉，最少也要一个星期至十天左右。

对此，铃木早有答案。他说："我们至少还有六个星期时间。我国陆军不可能在 11 月底之前攻下武汉。美国亚洲舰队司令雅内尔海军上将目前人在上海，他的旗舰奥古斯塔号就停泊在黄浦江，每小时都和停泊在武汉的美国炮艇通一次电报。你们《纽约时报》在武汉有一个记者。为何不能请雅内尔将我们求见蒋总司令一事以密码发给《时报》驻武汉的记者，然后让他亲自转交给蒋总司令呢？"

我告诉铃木，我必须先征得《纽约时报》总部的同意，才能介入这种谈判活动。我会给《时报》驻香港记者写一封信，让他照我拟就的稿子，给《时报》总编发一封电报，汇报此事，并征求批准。我的信将搭明天的班轮寄往香港。

《时报》的回电批准我参与此事。收到《时报》回电后的第二天一早，我就登上了泊在黄浦江的奥古斯塔号，在雅内尔上将的舱房里，与他关上门密谈。我将近卫首相的倡议摊在他面前，巨细不遗地公开了整件事。但雅内尔海军上将却拒绝替我们拍发无线电报，认为使用美舰设备从事这项工作，非常不妥。他举出了种种反对的理由，其中一条是，他相信日本陆军早已掌握了他的密码。若背着日军拍发和平倡议，必将遭到日军的报复。一旦日军采取报复行动，日美两国就会因此爆发战争，此事非同小可。

经我再三说服，雅内尔最后折中说，我可以经香港给《纽约时报》驻武汉记者写信，由他将日方的会面请求转达给蒋介石。他将允许该记者到驻武汉的美国炮艇上，将蒋介石的答复发回奥古斯塔号，再转交给我。但电文只能有一个英文字："接受"（Accepted）或"拒绝"（Declined）。前者表示蒋介石愿意接见铃木，后者表示拒绝接见。

谈妥之后，雅内尔上将送我到跳板边，准备乘他的渡轮上岸。奥古斯塔号这时泊在黄浦江中央，对面便是外滩。他伸手按住我的肩膀，为了不让身边众多军官听见，压低嗓子道："阿班，我希望你别飞武汉。我知道这是个非常刺激的冒险行动，说不定能让你写出一篇年度最佳的独家报道。但我觉得，日本陆军十有八九会事先得到消息。估计你的飞机还没飞出上海一百英里，就会被击落。即使侥幸逃过了，等你回上海后，还是会给他们暗杀的。你得想仔细了。"

我的信先走海路到了香港。寄抵香港时，是 10 月 17 日。次日，信就搭上飞机送往武汉。19 日，《纽约时报》驻武汉记者就将信亲自交到蒋介石手里，蒋夫人也在场。驻武汉记者对信的内容一无所知。20 日，该记者从驻武汉美舰上给旗舰奥古斯塔号发来电报。雅内尔上将亲自打电话给我说，回电的内容是"接受"。

我马上将回电内容转告铃木。当天晚上，铃木就乘船赶回日本，以便另获近卫的手札，并具体聆听近卫提出的最新停战条款。

但近卫的和平行动开始得太迟了。10 月 25 日，保卫武汉的国军防线被日军攻破。26 日晚，日军全面占领了武汉三镇。蒋总司令、国民政府及大部分国军将领都撤往陪都重庆。近卫的努力，终于功亏一篑。

近卫亲王犹豫不定，精力也欠缺，不适合任战时的首相。因此，珍珠港事件发生前几个月，日本陆军将他踢到一边，另推东条英机为首相。日本加入罗马—柏林轴心国集团，固然是近卫文麿首相和松冈洋右外相的手笔，但对于日本军方来说，两人的作用，也就仅此而已。日本人一般都认为，战争时代，首相必须由现役军人担任。在军事独裁和军事戒严时期，近卫及松冈这样的文官，实在是无用的。只有当日本希望谋和平时，他们才能体现其谋家及谈判家的价值。

杨植峰编译自《太平洋约章》(作者阿班另著有《民国采访战》)

往 事

新四军与泰州二李

孟卫东

一

苏北的范围包括江苏省内长江北岸的全部地区，日本人虽然控制了长江南岸包括南京在内的大部分地方，但在北岸这边却只占领了小部分土地，多数区域仍在中国人手中，据守这一大片领土的中国最高指挥官就是苏鲁战区副总司令、江苏省主席兼保安司令、二十四集团军总司令韩德勤。

韩德勤麾下的国民党军有三个部分，他自己的部队、泰州两李和税警总团陈泰运部。人数最多的还是韩德勤的部属，号称十万，实际有七万人。

韩德勤在30年代内战时就作过红军俘虏，后来乘隙逃走。有过这种耻辱经历的他，对共产党的态度十分强硬，1939年就已和中共武装起过冲突。如今刚在半塔集败北的他，对新四军进入苏北自然怀着极大的敌意。

不过，韩德勤的指挥中心在苏北中部的兴化，离背靠长江的新四军还很远。紧挨着叶飞部队的是苏北国民党军第二大势力，泰州两李的人马。所谓两李就是李明扬和李长江，他们的职务是鲁苏皖边区游击总指挥和副总指挥，统领着一支号称三万，实则两万多人的杂牌军。李明扬曾是同盟会员，参加过反对袁世凯的起义和北伐战争，实力最盛时拥有十一个纵队的兵力。李长江本是李明扬的卫士，为人勇猛，擅长结交江湖，现在两李的部队多半是他拉来的。

对于共产党，李明扬虽在1927年前有过交往，但他和李长江也曾在江苏坚决镇压过中共武装。中共也抓住机会对两李的部队展开工作，此刻两李手下三纵队的八支队（这里的支队相当于团）支队长陈玉生就是共产党员，另一位二纵队的司令颜秀五早年与中共有过联系，这时又和苏南新四军搭上了关系。

两李与韩德勤之间有矛盾。两李本为江苏省保安处的正、副处长(也就是正、副保安司令)，韩德勤到任后却把他们统统撤职，自己当了保安司令，副司令则由他的部将担任。两李对此一肚子的气，但碍于韩德勤势大，敢怒不敢言。

正因为如此，当新四军打算进苏北的时候，两李并不像韩德勤那样紧张。虽说曾与中共为敌，但那都是过去的事了，现在如果新四军开到苏北，等于多了一股对付韩德勤的力量。有这样的算计，他们才会那样爽快地答应新四军在江北吴家桥一带驻扎。

1939 年的时候，江南的陈毅还没有担负主攻苏北的任务，但既然已与苏北的国民党军发生了接触，就不能不考虑应对的策略。由于当时的重点还在苏南，陈毅很自然地决定对两李采取合作的方式。1939 年 7 月，他亲自到泰州拜访李明扬和李长江。不过这一次拜会并不融洽。即便想借用中共军队制约韩德勤，两李也不愿看到新四军在苏北过于扩张，那势必在将来构成对自己的威胁，他们也不想为此公然得罪韩德勤。所以在与新四军联络之初，两个人又刻意地要跟对方保持距离。当陈毅到来时，虽然李长江亲自出迎，李明扬设宴款待，但在具体磋商时，李明扬便躲开了，只让李长江跟陈毅谈，言辞也十分敷衍。

尽管如此，陈毅还是替中共进一步赢得了两李的好感。他交上一封假借毛泽东、朱德名义写的信，里面说玉阶（朱德的号）与师广（李明扬的号）兄皆属同盟会反袁起义伟人。李明扬看了很是高兴，甚至对人夸口说："我打坍了，到延安玉阶会招待我。"

两李与新四军确立友好关系是在 1939 年底，陈毅应李明扬的请求，帮他把第三战区送的十万发子弹经江南运到苏北，并借此机会再到泰州，第二次见到了李明扬。这次跟两李的会面，用项英后来向中共中央报告的话说，"所谈甚好"。两李答应协助新四军向不属于他们防区的苏北东部挺进，同意让陶勇的苏皖支队去与皖东的新四军五支队取得联系。陈毅送给李明扬一把日本军刀，送李长江一匹好马，对与中共关系较好的颜秀五则赠与了三十支日本三八式步枪。李明扬随后送新四军一万法币作为慰劳。

在这之后，虽然有盛子瑾事件，还有叶飞派人到泰州部队中做争取工作，引起两李的反感，但双方基本上维持了互不相犯的局面。1940 年 3 月末半塔集之战发生时，两李下属中也有人想攻打叶飞，六纵队司令、李长江的结拜兄弟陈才福说："新四军一共才两千人，我去大叫三声也把他们叫垮了！"陈毅第三次进泰州，劝两李保持中立，叶飞这才能顺利地驰援半塔集。新四军和泰州的关系又得以继续，直到这年的 5 月中下旬。

二

5 月 17 日，日军及汪精卫部队五百多人向叶飞部队进攻。叶飞与敌激战了一天一夜，歼灭了这支日汪人马的大部兵力。战斗虽然胜利了，但叶飞等指挥员的心情并不轻松。他们知道日本人很可能纠集大部队前来报复，那样新四军就可能吃大亏。

唯今之计，只有走为上策，把部队转移。

转到哪里呢？叶飞等人经过讨论，觉得泰州西北方向的郭村是最好的去处。那里有中共的支部，还掌握了自卫队武装，在民众中有基础。此地又处在日军、韩德勤、两李三股势力间的空当之处，新四军可以借机建立政权，发展和扩大根据地。

可是郭村虽是个没有正规军的空白点，但不等于是无主之地，在军政上它明确归属两李的防区。

对于两李，叶飞这时的看法已与陈毅不同。陈毅认为两李是中间派，应该尽力争取，叶飞则认为两李是顽固派，根据是中共中央指示中有积极发展不顾韩德勤、李明扬反对的字句，邓子恢也批评江南对两李的统战路线是机会主义，叶飞对两李的态度因此比较强硬，用陈毅后来的话讲"主张向两李开刀"，进驻郭村也就没什么顾忌。

要到郭村去，新四军还必须经过一个叫宜陵的地方，那里由两李的部队驻守着。不过，叶飞他们对此倒不太担心，因为防卫宜陵的指挥官是颜秀五。

颜秀五已经在4月经陈毅批准，成为中共的特别党员。对新四军的行动他自然不打算阻拦，但为不暴露自己，他也必须向两李报告此事。

两李哪肯把自己的地盘让给他人，新四军也不行。李长江向颜秀五下令："如果挺纵要通过宜陵的话，就打。"

颜秀五没有把李长江的原话告诉新四军，只是说，郭村"是我们的防地，你们不能来"。

叶飞当然不会听李长江的，率领部队径直向郭村开进。颜秀五只派人象征性地阻拦了一下，便让新四军顺利通行。他的士兵和老百姓站在一起，看着叶飞的人马从面前走过。

叶飞部队就这样进驻郭村。两李很是恼火，李长江多次派人索要郭村，也多次被叶飞拒绝。于是在6月下旬，李长江发出最后通牒，限新四军三天内撤出郭村。

见两李决意要动武，叶飞忙向刘少奇和陈毅报告。

刘少奇的回答是，先作出力求与两李合作的姿态，"争取政治上的优势"，但"由于你们积极活动，顽固派必然迟早会向你们进攻，你们要选择适当的地形位置，能够固定或以游击战支持一二星期，让顽固派进攻你们，你们自卫，造成充分理由，然后再由八路军与四、五支队援助你们协力侧击顽固派"。

一句话，还是像刘少奇早先向叶飞交代的那样，吸引国民党来进攻，其他地方的中共部队就可以用增援的名义进入苏北，作发展的文章。

陈毅却和刘少奇的意见相反，他致电叶飞，要他尽量避免冲突，退出郭村，回吴家桥地区，必要时也可退回江南，以后再图向北发展。陈毅这样做的理由是，如果打起来的话，会把两李推到韩德勤一边，韩、李一旦联合起来，将有近十万之众，数千人的苏北新四军是吃不消的。

到底听谁的，当时的叶飞恐怕会有些为难。虽然按中共中央2月的决策，陈毅是发展苏北的主持人，但眼下的现实是，叶飞的头上明显出现了刘少奇和陈毅双重领导的状态。

刘少奇也意识到这种双头并立的局面。他在6月22日致电毛泽东、王稼祥、朱德等人，认为"在目前迫切需要成立有威信、有工作能力的华中总司令部（公开名称另定），在指挥上以至建制上统一我华中各部队"。

这时候的陈毅仍在行使上级的职权，他再给叶飞发电报，摆出上、中、下三策。上策是把郭村交还两李；两李如还不罢休，就从吴家桥一带撤回到扬中，这是中策；在郭村开战则是下策，因为容易被国民党军四面包围。

在陈毅看来，两李是中间势力，必须积极争取。与他们开战，无论胜败对新四军都不利。打败了，将失去连接长江南北的纽带，严重影响江南部队北上；打胜了，两李将投入韩德勤怀抱，造成反共大联合，正合韩德勤的意。

因此，陈毅明确指示叶飞，挺进纵队要派代表去泰州跟两李谈判。

三

身在前线的叶飞更倾向于和两李刀兵相见，但陈毅的指令也不好硬不服从。于是他一面发电报请刘少奇尽早派援军过来，一面又让挺进纵队政治部副主任陈同生以陈毅秘书的名义，和调查科长周山一起到泰州去见两李。

两李却已经不想再和新四军费口舌了。李长江对陈同生他们吼道：“你们是天兵天将也不过二三千人，我们鲁苏皖的部队就是豆腐渣，也有七八十大堆，也要胀破老母猪的肚皮的！”随即便把陈同生、周山扣押了起来。

叶飞并不对谈判抱多大期望，积极备战。挺进纵队领导层经过研究后，报告中原局和陈毅，吴家桥地区不易坚守，郭村地形较好，在这里迎战较为有利。

陈毅立刻回电，坚决反对在郭村孤军御敌，吴家桥地区如守不住，可暂退江南，与江南部队会合，然后卷土重来。

军令如山，该怎么办？叶飞召集属下及中共苏北特委人员开会讨论。会议一直持续到半夜，到会的多数人认为，现在仓促转移，如果两李紧追不舍，再加上日军封锁，新四军会很被动。但也有部分人认为，坚守郭村会与两李反目成仇，打起来新四军的弹药、粮草都很成问题，皖东的四、五纵队不会在一个星期内赶到，北边的八路军也远水救不了近火，还是遵从陈毅的意见回吴家桥，那里跟江南联系也方便。

时任新四军挺进纵队司令的管文蔚这时和叶飞在一起，他内心也不想打这一仗，但却没有说出来。与两李联合已经被直通延安的皖东方面说成了右倾机会主义，管文蔚早年也曾被人扣上同样的帽子，恢复党籍还不到两年的他选择了谨慎从事。他没有明确地表示支持哪一方，只是评估说两李部队对新四军的态度并不一致，真正强硬的只有陈中柱的四纵队和陈才福的六纵队。这样的话自然有利于主战的那些人。

叶飞当然也是主战的，他最后拍板，固守郭村，“对陈司令员，我负责好了”，“陈司令员说过：‘将在外，君命有所不受。’”

下定决心的挺进纵队复电陈毅，坚持留守郭村。

陈毅收到电报，心急不已。他一边命陶勇火速带部队驰援郭村，一边再电叶飞，告诉他自己将在“六月二十八日便衣渡江，一切候我到时再议”。

四

不等陈毅过江，两李已经决意向新四军动手了。李长江负责具体指挥，李明扬则以开会的名义到兴化去了。他们如此分工很可能是准备万一战事不顺，给自己预留退路。

不过在正式行动前，李长江打算先铲除自己内部的一个隐患，那就是三纵队的陈玉生八支队。陈玉生的共产党身份这时已被人知晓，李长江准备借此时机，用四个支队的力量拔掉这颗中共的钉子。

陈玉生听到了风声，决定带部队投奔新四军。可是在李长江重兵压境的情形下，如果没有新四军的支援，倒戈就很难实现。

陈玉生发电报向叶飞求援。

叶飞手上的兵力也明显不充足。八支队所在的泰兴离扬中和吴家桥地区很近，距挺进纵队主力所在的郭村却很远。如果增援陈玉生，防守郭村的力量就势必削弱。经过权衡，叶飞还是决定派一个团去援助陈玉生。他又趁机布下一个蒙骗李长江的计谋。他公开骑着马跟随救援的团出发，夜里又独自悄悄返回郭村。

李长江果然很快得到叶飞亲率部队增援陈玉生的消息，他由此断定，被叶飞带走的必是挺进纵队的主力，这样一来，郭村的防卫岂不变得空虚了吗？李长江立刻决定改变战略，暂且放过陈玉生，先拿下郭村。

总共十三个团，约一万三千人的两李部队朝郭村压来，参加这场战事的有陈中柱、陈才福以及颜秀五的纵队，还有韩德勤的一个保安旅。

此时延安那边也对苏北新四军的归属作了决断，27 日毛泽东、王稼祥和朱德发出指示，“华中确应成立统一的指挥部”，“现在华中部队统归胡服指挥”。胡服是刘少奇的化名，华中地区包括苏北，这样叶飞的新四军也应听从刘少奇的调遣。如此看来，毛泽东等人的指示实际上放弃了 2 月作出的让陈毅负责苏北的决定。

但这个指示最后并没有全面落实，因为现实的情况在不断地变化。也在 27 日，韩德勤发出命令，要将苏北境内“匪军一鼓而歼之”。他所说的“匪军”，自然就是新四军。

同一天，颜秀五的二纵队政训处的女政训员李欣来到泰州城，发现这里的部队都发饷了。那年月军队欠饷是常有的事，而一旦发饷往往意味着要打仗了。李欣找熟人一问，得知新四军谈判代表已经被扣，李长江指挥部队明天拂晓就要进攻郭村。在打听到了两李军队的具体部署后，李欣匆匆离开泰州城。

当天晚上，一个身穿白色旗袍的年轻女子和另一个穿军服的男青年走出了两李部队的驻地，女子就是李欣，又叫郑少仪，中共地下党员。因为事情紧急，她决定亲自去郭村向新四军报信。郑少仪他们摸着黑在田埂河汊间转到半夜，大汗淋漓，浑身湿透，终于找到了郭村，向叶飞他们报告了李长江的进攻计划，然后疲惫的她倒头便睡。正在她酣睡的黎明时分，郭村外面枪炮大作，李长江开始进攻了。

新四军这时在郭村只有一个团外加一个特务营，共四个营的兵力，与两李部队相比众寡悬殊。但由于得到郑少仪的情报，叶飞很快就摸准了李长江的主攻方向，下令特务营在火力掩护下进行反突击，奋战一小时后，将两李部队的攻势打退，还抓了两百多俘虏。李长江在其他方向的进攻也遭击退，不甘心的他又在黄昏再组织攻击，虽然占了一个小村子，但仍被新四军打退，还被歼灭两个大队。

五

就在这天夜里，陈毅从扬中渡过了长江，正要连夜赶去郭村，却碰到叶飞派来接他的惠浴宇，告诉他郭村已经打起来了。陈毅当即急得跳脚骂娘，骂叶飞是冒失鬼，初生牛犊不畏虎，嚷道:这下好啦，就你叶飞和管文蔚能逃出来，就叫我收容啦……他又问惠浴宇，我已有电报给叶飞，你们为什么还要打？惠浴宇答，顽军打了第一枪，我们不得不自卫反击。陈毅责难道，你们不跑到人家城边，人家就打啦？

骂归骂，事已至此，陈毅还是急忙给叶飞找援兵，他没有带电台，只好给江南的粟裕写信，“速派主力部队，克服一切困难，渡江支援”。又致信两李，劝他们停火。他已经没法去郭村，只得退回长江的新老洲待机而动。他对这场战斗并不抱什么希望，还写下了《吊管、叶》的诗，责备管文蔚、叶飞不听命令，酿成严重后果。

29 日拂晓，李长江命令部队再次向郭村发起猛攻。战斗激烈之时，新四军发布了一个令当地百姓震动的消息：据俘虏说，李长江许诺，拿下郭村，放假三天。所谓“放假”就是可以任意奸掳烧杀，这种做法在当时的旧式军队中并不稀奇，人们没有理由不相信。郭村的民众愤怒了，为了保卫自己的家园，青壮年主动参加战斗，老人和妇女则送饭送水，有的甚至全家上阵。

经过一个白天的恶战，李长江的部队又败下阵去。

李长江以优势兵力竟攻不下小小郭村，除了部队作战素质不强外，还有一个重要的原因，那就是正如管文蔚的预料，两李人马真正卖力进攻的只是陈中柱、陈才福的队伍，颜秀五根本不积极，连韩德勤的那个保安旅也持观望态度。

就这样到了 30 日，打累了的两李部队没有发动大的攻势。但叶飞却接到了一个不妙的消息，刘少奇发来电报告诉他，预备增援郭村的八路军部队因日军扫荡不能如期赶到，皖东的新四军五支队也被地方武装大刀会阻挠，无法前行。

刘少奇意图中南下增援叶飞的八路军部队是由黄克诚率领的，原为八路军二纵队的一部，6 月 20 日到达中共控制的豫皖苏边区，与彭雪枫的新四军第六支队（那时新四军第四师还未成立）会合，彭雪枫因自己的部队不多，希望黄克诚留下。对这个问题，27 日毛泽东、王稼祥、朱德指令，同意黄、彭两部合编为纵队，以“巩固豫皖根据地，扩大与整训部队为中心任务”，但“应设法抽调一部兵力过津浦路东，帮助苏北发展”。黄克诚并没有受到日军的阻隔，留在河南、安徽交界地区发展。面对刘少奇的中原局，黄克诚认为自己仍归八路军总部和中共北方局领导。当刘少奇 28 日为郭村向彭雪枫、黄克诚求援，29 日又要他们二十天内派出三个团去津浦路东时，彭雪枫却坚决不同意黄克诚离开，因为黄的人马只有五个团，抽走三个团必将实力大减，也超出了延安只要“一部兵力”过津浦路的指示。从 4 月起就带部队不停辗转的黄克诚同样不想走，于是和彭雪枫联名复电刘少奇的中原局，表示他们的部队巩固现有的根据地，并准备向西发展。这与刘少奇的希望可谓南辕北辙。

对于这些后方的内部分歧，刘少奇显然不认为有必要告诉前方火线的叶飞。他只是向毛泽东等人请示，八路军及新四军四、五支队可否向东行动援助叶飞。

在叶飞这边，用他自己后来的话说，看了刘少奇的电报，“急得浑身冒冷汗”。江北援兵到不了，苏南部队又给冷欣拖住，郭村新四军陷入了孤立无助的境地。不过接下来发生的事，又让叶飞紧张的心情轻松了一些，陶勇的苏皖支队按陈毅的命令，穿过日军封锁线，奔行二百里，在这天夜里进入郭村。新四军的防卫力量由此增加到了七个营。

叶飞、陶勇等人在一起商议，既然援助无望，如今只有放手一拼，主动出击，搞局部反攻。

这天夜里，已不指望援兵的郭村新四军派出两个营突然插向两李部队空虚的后方，直捣宜陵，消灭了对手的一个营和一个支队部。与此同时，泰兴的陈玉生支队倒戈成功，与叶飞派去的援兵在吴家桥地区会合。

郭村这边也出现了倒戈，颜秀五手下由共产党控制的一个大队和一个重机枪连举行暴动，开进郭村。新四军的实力进一步增强，士气大振。

两李部队已经乱了阵脚，李长江本来一直在泰州城坐镇，此刻也来到郭村前线，在 7 月 2 日亲自指挥部队发起猛攻。颜秀五和韩德勤的保安旅仍然没什么大动作，还是由陈中柱他们打主攻。刚刚倒向新四军的重机枪连给了两李部队很大杀伤，但李长江命督战队用轻机枪扫射驱赶，把士兵继续推上火线，突入了新四军的部分阵地。新四军坚持反击，与对方展开白刃战。两李部队最终败下阵去，叶飞派去支援陈玉生的那个团也在这时赶回，发动侧击，李长江的进攻彻底失败，带着部队退向南边的塘头，他自己回了泰州，陈中柱也作了俘虏。陈玉生部队也来到了这里，郭村之战以新四军的胜利告终。

六

3 日，陈毅来到了郭村，对叶飞说：“本来我是来骂你们的，一个多团就和这么多的顽固派乱揪！你们打了胜仗，我还有什么好讲的！”但陈毅仍然认为郭村之战不该打，他对管文蔚说，打胜了不能证明就是打得对。他还告诉叶飞：“只此一次，下不为例。”

郭村之战后，两李虽败，但如与韩德勤联盟，对新四军的威胁仍然很大。在讨论此事时，有人主张呆在郭村，等待八路军和新四军四、五支队的支援，也有人主张直捣泰州，还有人认为应使两李接着保持中立，立即与他们停战言和。

陈毅最后作出决断，还是要争取两李的中立，但既然已经打了，就要打出威风。再歼灭他一些部队，打下塘头，因为那里是产大米区，税收多，又是新四军向东发展的必经之地。但绝对不能打进泰州，你一进泰州，他就跑到韩德勤那里去了。

新四军于是在 4 日朝塘头进攻，大获全胜，俘获近两千人。陶勇的部下打得兴起，乘势直逼泰州城下，后方的陈毅听出枪炮声靠近泰州，急命叶飞亲自飞马传他的命令，什么人进泰州城就死罪。终于使部队收兵。

陈毅适可而止。李明扬从兴化赶回泰州，与新四军方面谈判，释放了陈同生、周山。新四军也放了七百余两李的俘虏，发还部分缴获枪支。李明扬答应在韩德勤与新四军冲突时保持中立。

从此，两李在一段时期内不再对新四军构成威胁。

记 忆

1938 年：湘黔滇之旅

杨嘉实

1937 年，因日军逼近北平，清华大学、北京大学和南开大学迁到长沙成立长沙临时大学。不久长沙也不再安全，1938 年初，三校又南迁昆明成为后来的西南联大。从长沙到昆明，有两百八十五名学生组成湘黔滇旅行团（清华一百六十五，北大七十一，南开三十四，借读生十五），从长沙步行到昆明。旅行团行程共约三千五百华里，历时两个多月。时为清华大学二年级学生的杨式德是旅行团成员，途中他写下了《湘黔滇旅行日记》。该日记曾于 1999 年为纪念联大六十年发表（《中国教育史上的一次创举：西南联大湘黔滇旅行团记实》，张寄谦编，北京大学出版社，1999 年）。杨式德还保留了几十张旅行团照片，其中大部分背后都有简短注记。这里选登其中一些较重要和较清晰的，日记中的一些有关段落也直接援引用来说明照片。

旅行团中有由十一名教师组成的辅导团（图一），并请了军官领队（黄师岳师长任旅行团团长）。教师辅导团成员中不乏当时或后来的著名学者。地质学家袁复礼教授鼓励学生沿途进行地质考察，闻一多教授在途中画了一些素描，吴征镒（助教）记有旅途日记。旅行团分为两个大队，每个大队分三个中队，每个中队分三个小队，共十八个小分队。团中学生统一穿黄色军装并打绑腿。杨式德属第二大队第二中队第四分队（图二）。队友张一中跟范寿仁与杨式德曾为河北正定中学初中同学，王鸿图与杨式德似为河北育德中学高中同学。

图一：旅行团辅导团。左起：李嘉言、郭海峰、李继侗、许维遹、黄钰生、闻一多、袁复礼、曾昭抡、吴征镒、毛应斗（缺王钟山）。

图二：二大队二中队四分队。前排左起：唐云寿（外语，38，清华）、彭建屏（历史，40，北大）、王鸿图（中文，40，北大）、艾光曾（经济，38，清华）、马芳若、张澍生、钱尚忠（地质，39，北大）；后排左起：范金台（分队长，地质，39，清华）、王平一（机械，40，清华）、范寿仁（土木，41，清华）、冯绳武（地质，40，清华）、王玉哲、白家驹（地质，38，北大）、杨式德（土木，40，清华）、张一中（化学，39，清华）。括号中数字为后来从西南联大毕业时间。

旅行团于2月29日离开长沙。通常每天用汽车将行李运到下一站宿营地，团员则步行，途中定时休息。旅行团偶尔也乘车、船。到宿营地后大多住学校、庙宇、祠堂等公共设施或民房，也住过旅店。旅行团通常自己采购食品做饭集体吃（图三），也有时发给大家饭费各自到街上去吃饭。

2月28日，旅行团离常德到桃源（湖南）。3月1日，旅行团在旅途中游览了桃源洞（图四），这一天被杨式德称为自上路以来最快乐的一天。他在日记中对桃源洞描述道："就着洞旁的石壁刻有八个大字，'秦人古洞'和'古桃花潭'。我沿着石路崎岖的爬上去，走到洞里，用碗接了一碗水，喝着非常甜。从洞后上去，又绕了下来，登上正对牌楼后面的山头，高处有一个院落，壁上嵌着许多石块，上面有名人的诗句，都是后人刻的。"

3月17日，旅行团经湘黔交界处的鲇鱼铺入贵州。18日，旅行团"走了十五公里到了羊坪，一个市镇，傍着水。在村的附近河中，有二三十个水轮（图五），大的有直径到30ft至20ft的，轮周斜装许多竹筒，把水提起，倒入一个盘子里，用管子输到岸上田里。轮子是水冲着转的，角速很小。岸上种着不少稻田，全是用这法子灌溉的。在这里大休息"。

旅行团有时走盘山公路，也有时爬山走小路捷径（图六）。3月22日，旅行团在晨雨后自镇远走小路到施秉："沿公路向西行，自小路爬上高山，路很倾斜，石块乱砌着，滑得很。爬上去一身大汗了。到达公路，已是山巅了，公路在高原上走，经过刘家庄，距贵阳244公里，不久就到了镇雄关（距贵阳两百五十公里）。过了关便到一个极大的山谷了，公路蔓延而下，旁边看去，有如下图所画的曲线（笔者注：图略去）。我从小路下来，路上是黄泥，危险得很，走到山谷深处，又沿小路上山了。路泥泞不堪，我手攀着草根，足踏着泥凹，滑了不知多少次，都没有滑下去。上到公路线，公路又盘着镇雄关对岸的山而上了。又由小路上去，在高处走了一段，见到一个城门样的建筑。原来，因为前面是山，汽车上不去，所以才造的。汽车入城门转过圈子上了石门的顶上，再由此上山，门顶写着'鹅翅膀'三个字，想是象形，闻一多先生在此画写生铅笔画一幅。"

3月25日，旅行团到达贵州鑪山。26日，在鑪山开苗汉联欢大会："下午

图三：照片前七人中右二为杨式德（戴帽）。长大衣是统一发的。

图四：桃源名胜。

图五：羊坪水轮。

两点整队到小学的操场集会，开苗汉联欢大会。到会的苗人不多，女子四个十五六岁，男的六个由一个老者率领。参加的有一队壮丁，县政府人员，民众，小孩子最多。开会以后，唱党歌读遗嘱。主席，一位苗人致辞，大概受过很好的教育，说得很好，他表示欢迎我们不远千里而来。接着团长讲话，竭力说明苗汉之应相亲，并希望地方当局提高他们的生活，普及他们的教育。县政府的一位职员讲话，他报告，鑪山是个很小很贫的县，城内二百余家，全县十万多人，苗民占75%，汉人占25%。苗民的生活很苦，历受官吏的压迫，和汉民的欺侮，现在教育仍然不能普及，不过待遇已经与汉人相同了，壮丁训练也参加。从前此地种鸦片，自从禁烟以后，人民更为贫苦了。改良农田水利以及其他各种建设都苦于没有人才。苗民分七种，细分种类更多了。他们穿中国古代的服装，以衣服分类有长裙和短裙二种，各苗部之间语言是不同的，他说召集苗民参加联欢大会很是困难，因为他们不明真相，害怕不敢来，所以召到的人数很少。

“我们在操场中排了一个圆圈，苗民立在中间，放两张桌子。这些苗人早晨起身走了四十里路来的。我们给他们买了两坛酒，一盘包子。团长和他们用大碗喝酒。男子每人提一个乐器，像笙，服装和汉人一样。女子盛装，头上戴帽子，蓝色白花，顶上有红顶，额上垂着红的须子，正顶上一根银质的细条，直直的立着。身上穿的也是蓝色绣白花，像旧剧中的甲。下身穿裙子，长仅及膝。他们是属于短裙一种的，缠着裹腿，脚上厚大的布鞋。胸前垂着银质的项链，耳环极大，将要连住肩膀了（图七）。

“我们奏口琴给他们听，接着他们四个男子二人一组，各个吹着笙，简单的跳着舞，声音很好听，两个人走的步调一样。后来，四个女的也加入了，每二人拉着手随在两个男人后面，取着一致的步法走着（图八）。

“这跳舞像引起了大家的兴味。李继侗先生和许大夫拥抱着表演了一段西人的跳舞。一个同学也学着女人跳舞。黄团长，拿着手杖表演了一幕舞剑。

“他们男女各唱了一段，不知道是什么曲子，听着颇不好听。

“她们和他们高兴的吃包子，团长赠她们化妆的物品，赠男人些铅笔之类的东西。同学在高地装置了无线电收音机，请他们听广播，散会已五点多了。”

图六：镇远附近，雨后山滑。

图七：鑪山汉苗联欢会中之跳舞者（苗族少女）。

4 月 5 日，到达黔西平坝："自距贵阳 47 公里之地起，入了山地。山很低不过二三百米，全是石头，一个个孤守着，像花朵似的，散布在这个仿佛平原的地方，很是好看，路很平整，四五公里以后，山势略大些了，将到平坝城，路上遇着不少苗女从城里赶集回来，多数是戴的尖形深蓝（或深紫）布帽子（图九），高八九寸。农物以油菜、麦最多，见有鸦片。平坝城距贵阳 56.3 公里。住城内治平小学。三点半到，街上赶集人拥挤异常，苗人不少，有的袒露胸部，可见乳房，年岁也多半大些，是妇人了。卖粮食的很多，有的农人出卖粮食如玉米之类，盛在一个外面是毛的皮袋里，袋是自兽身上剥下来的，整个的桶子。街头上有女学生在讲演，作宣传，民众聚着听讲。小学在县政府附近，里面相当宽敞。洗足和袜子。晚上虽然睡地上，有稻草可铺，很觉舒服。县长黄（笔者注：原文此处有空格），在我们睡后还去打招呼，很是客气，平坝城距贵阳

图八：男女合舞。

图九：平坝卖鲜菌的苗族妇女。

图十：盘江铁索桥正修建中。

56.3 公里。”

4 月 11 日，旅行团到达盘江并乘小船渡江："盘江自北向南流，两旁是很高的山带，河身在极深而狭的山谷里。河身宽约四五十米，据乡人说，水深七八丈，河底不平，所以水流得非常急，冲刷力很大，两旁因为是红土，所以水成了赤褐色，水声很大，水面上急速的剧烈的翻着各种水纹，可以看见极多的漩涡。江上跨着一个铁索桥，两边石基很高，距水面约四十米，桥长约三十米。这里距贵阳 217 公里。东岸岩石上有'盘江飞渡'四个大字，还有曾养甫写的'盘江铁索桥'刻存石上。这座铁索桥是明朝时建的，年久铁坏，不幸一辆汽车经过时，忽然索断，二三十人殉难，铁链也坠入水中了，遗留的残段我还看见。新桥是铁桥，由桥梁工程处建造，开工数月了，到五月才能完成（图十）。现在江里有四只小船，三只可用，每次渡五六人，船划到中流，在十秒钟内被冲下三四十米去，两旁峭壁耸立，非常危险。新桥在两岸石基上各建了两个石柱，上面有胡嘉诏书‘盘江桥’三字。”

杨式德日记中多处提到黔西种有罂粟（鸦片），花很好看（图十一）。住在居民家时常发现房东吸食鸦片，有味，街上也有买卖鸦片及烟具的。

4 月 19 日，经胜境关（云贵交界处）到达云南境内的平彝。自 2 月 19 日离开长沙，六十八天之后，旅行团于 4 月 28 日抵达昆明："距昆明十里余，已经有同学迎上来了，有的骑着马，有的骑脚踏车，大家握手问好。公路近航空学校，约有十架练习机在空中作着交响乐。机身黑色，翼黄色，有青天白日图样，这是令人快乐的景象。大队停留在距昆明四公里的地方，有一位工程师彭禄炳的别墅，房舍虽朴陋，却清洁雅致，园内花草辉煌，后面是一个小森林。主人彭先生及夫人张绍珩招待热烈，备有开水和点心，大家乱抢着吃光了。这里有陶曾毂及赵元任太太等，发给我们油印的歌子 *It's a Long Way to 联合大学*，赵元任先生编。

“结队西行，我因为在团本部服务在先头进行，甫入昆明市，有少女献花，有一位联大女同学向黄团长献一束红花，另外四位小姐，着白底浅蓝花长衫，袒臂抬着一大竹篮鲜花献于本团，由同学接受，抬着前行（图十二）。经中央研究院门口，见有欢迎我们的布条，献花的四少女挎着小篮，里面是各色的碎纸屑，和花瓣一样争着投向我们的身上。经迤西会馆遇蒋梦麟、梅贻琦及各位教授、同学等欢迎，在大街中我也曾在前面抬花篮，摄影的人很多，大家列队到圆通公园。由黄团长点名交代与常务委员。由梅校长致辞，团长也致辞，还有教育厅的代表说话。这时下了一阵小雨。然后大家摄影，在山上，这个山很像北平的景山，上面也有亭子，山前的水池亭榭也有北海的风味，只是具体而微了。学校为大家备有点心，五个包子一碗面。

“结队下山出北门，到城西北农业学校，这里有一座楼，借来作为联大的理学院。工学院在城东南的迤西会馆和全蜀会馆，房舍破旧正修理中。文法学院在蒙自，用海关和一个银行及开劳司洋行的房舍。大家暂居于农校。晚餐及明日三餐，即在农业学校的食堂内吃，收到家信，照群表兄写的。

“昆明天多晴，有风和尘土，恰像北平，牌楼如金碧街的两个上面写‘金

图十一：黔西罂粟。

马'‘碧鸡'的也像是北平的东西，洋车夫也与长沙的不同，比较客气而跑起来很快。”

杨式德后来于1940年毕业于西南联大土木系（清华学籍）。1940至1945年在联大土木系先后任助教（Assistant）及教员（Instructor）。在联大任教时考取教育部公派留美项目（Ministry of Education Fellow ship），于1945年从昆明到印度乘船赴美留学。1947年获普渡大学硕士，1949年获哈佛大学博士。1949年11月回到清华大学就职，历任土木系副教授、教授、结构力学教研室主任、副系主任及校务委员会委员。曾任北京市第四届政协委员。1976年1月10日故于北京。

记 忆

往事杂忆——从父亲秦汾和丁文江先生说起

秦宝雄

最近看到国内发表的关于丁文江先生的纪念文章，引起了我的兴趣。丁是20世纪早期著名的科学家、教育家、政论家、思想家。笔者生于1917年，在1938年来美国读书，以后就留在美国定居，已逾七十年。因为从小就认识丁文江先生，对他的思想、言论以及为人等种种事迹都有相当的认识。现在将我父亲秦汾和丁文江先生交往的经过，和我个人与他接触的印象，以及一些有关的人物和事迹记录下来，公诸同好。

父亲秦汾，字景阳，1887年1月13日出生在江苏省嘉定县，1973年11月4日在台北去世。现在我所说的他的事迹，很多都是从他自己编的年谱和每日大事记摘录出来的。1906年，父亲在天津北洋公学（今天津大学）毕业。学校是袁世凯创办的，目的是要培养通晓洋务的人才。父亲毕业后就被送到美国波士顿的哈佛大学学习天文和数学。1908年得了那两科的学士和硕士的双重学位，他还是那年全班最优秀的两名毕业生之一。父亲于当年8月，乘船去英国继续深造。

到了英国，他先去剑桥大学，发现那个大学不承认美国的学位，要他先读两年才可以拿到学士学位，所以他就又去了格拉斯哥城（Glasgow City）的格拉斯哥大学。这个学校，只要他再念两年就可以得到博士学位。因为家里多次去电报催他回国，所以也没有在这所学校念多少时间。最大的收获是在这里认

1908 年，父亲留美留影。

父亲晚年留影。

识了丁文江和李毅士。他和他们两人，一见如故。父亲并和丁文江一同去欧洲大陆旅游。在父亲的记载中，一般很少提到朋友的名字。可是，丁文江的名字却是出现了好多次。

父亲1910年夏季回国。在英国和丁文江话别时，丁写了一篇文章送给他。我小时候读过，还记得题目是《送嘉定秦君汾东归序》，洋洋近千言，是用文言文写的，大有韩愈的气韵。后来因为兵荒马乱，父亲搬了好几次家，从1937年到1946年，由南京，到汉口，到重庆，再回到南京。最后又在1949年去香港，1951年转去台北定居。我以为这篇文章一定也就丢失了。

父亲回国后，先回嘉定老家省亲，然后到南京、上海教书。1912年，和母亲钱新才结婚。1887年，母亲生于上海，1921年在北京因肺病逝世。她十九岁时入上海务本女塾读书。毕业后，因成绩优异留校任教，兼理校务。父亲结婚后，写了几本中学程度的数学教科书，被全国各校采用，一时声名鹊起，后来被载入中国现代课程教材史。1915年，他被邀请去北京大学教书。

丁文江，字在君，1887年4月13日出生在江苏省泰兴县；1936年1月5日，逝世于湖南长沙市。他天分聪慧，被称为神童。九岁时，已熟读经史。老师教他作对联，出了上联“愿闻子志”，他立刻对出“还读我书”，老师惊讶不已。十五岁时（1902年）当地县长资助他去日本读书。1904年，经吴稚晖建议，丁文江和挚友李毅士一同转去英国。他先进入中学，1906年，到剑桥大学读书。1907—1911年，丁在格拉斯哥大学攻读动物学及地质学，获双学士学位。1911年4月，离英回国。

1912年，丁在上海南洋中学讲授生物学、英语、化学等课程，并编著动物学教科书。1913年，到北京在工商部设立的地质研究所工作。1915年，父亲刚到北京时，就住在丁文江家里。不久父亲举家来北京，就搬到后泥洼胡同租的住宅。笔者就在那里出生。

在我记忆中，丁文江的眉毛又黑又长，嘴唇上有两撇尖向上翘的仁丹胡子。他很喜欢长我三岁的哥哥宝同（1914—1973），有一次还带了宝同到他家去玩了几天。宝同后来带了很多的玩具回来。丁文江常抽雪茄，他总是把套在雪茄上的纸圈送给我们，我们拿了戴在手指上，当作戒指。

丁文江的太太史久元，也常来我家。我童年时的印象是：她举止温柔文雅，相貌出色，但身体孱弱，时常生病。她没有生育，收养了一位她娘家（史家）的女孩子。那女孩子后来与丁文江的一个弟弟相爱，丁文江和太太好像不甚赞成，但也没有反对。所以，那女孩和丁文江的弟弟就结婚了。

大约在 1928 年，有一位身材矮小的男士和丁文江一同来到我家。这位先生说话带有浓厚的南方口音，给我留下了深刻的印象。他说那时候的年轻人，国文程度太差，甚至于连“也”字跟“焉”字，也不知道怎么运用。说到这件事的时候,他特意说“马脚焉”和“跷脚也”。因为在南方方言中“焉”和“也”两个字，声音几乎是相同的。

后来我才知道，他就是鼎鼎大名的翁文灏（1889—1971）。翁文灏也是我父亲的好朋友。抗战时期，翁文灏是国民政府经济部部长，我父亲是次长。经济部总管战时全国粮食、燃料、工业产品等重要物资，但不包括兵器、弹药。

1928 年，丁文江去上海，在军阀孙传芳手下，任淞沪督办，我常在报上看到他的消息。但是不久又看到报纸上说，他在上海因为车祸受伤而辞职了。他回北京后曾来我家吃饭，我那时虽然只有十一岁，也很想知道他受伤辞职的详情，可惜没有听到他和父亲的谈话。

1929 年，父亲小结北京大学教书生涯，去南京从政。在宋子文主持的国民政府财政部，做会计司司长。1930 年，举家搬到南京，就有三四年没有见到丁文江的踪影。1933 年，父亲升任为财政部次长。1934 年，丁文江来南京就任中央研究院总干事，才又来我们的沈举人巷住宅相聚。中央院院长是蔡元培，举国闻名、德高望重的学者和教育家。丁是总干事，主管一切行政和研究工作。

我有幸在 1932 年秋季，跟父亲参加他几个朋友的秋季郊游，去南京附近的栖霞山，看著名的红叶。这几个人有蔡元培、吴稚晖和其他几位朋友。蔡是知名人士，吴是国民党元老，但没有特备专车，也没有预订车票。到车站后，发现下一班火车只有三等的硬座，大家就上去了，坐在木板长椅上。我那天穿的衣服，外面是蓝色的长衫大褂，里面穿西式白衬衫。蔡元培看了觉得很奇怪，就问我穿的是什么衣服。经我解释了后，他就点头说，这是很好的办法，白衬衫的领子翻出来，盖住了蓝大褂的领子，可以常常换洗白衬衫，使蓝大褂的领子保持清洁。

1934年年初，丁文江就任南京中央研究院的总干事，他的太太还留在北平，所以他差不多每个星期日都到我家来。每次来，总是先到我们三兄弟住房里聊几句。我们兄弟三人，宝同、宝通跟我都住在一个房间里，各自有一张钢丝床、一张写字台和一把椅子，每人还有一个绿色玻璃罩的台灯，好像银行办公室一样。这在那时已经是非常好的条件了。

有两件事我记得很清楚。当时南京正在上映一部名为《爱斯基摩人的生活》的纪录片。丁文江进门后，就问我们，看这部片子了吗？我们摇了摇头说没有看。又问我们，知道爱斯基摩人在哪里吗？我们说当然知道，有的住在美国北部，有的住在加拿大，还有的住在绿洲（Green Land）。他说，他有个弟弟在燕京大学念书，却没有这些知识，不如你们这些中学生。

还有一件事，大概在1935年，丁文江和翁文灏、曾世英绘制了一本中国地图，是那时测量最准确、印刷最精美的地图。上海商务印书馆无法达到他们要求的水准，所以是送到日本去印制的。我们很喜欢这份地图，想买，可是定价二十五元法币，实在太贵了，买不起。他得知我们的愿望，下次来时就带了一本送给我们，我们真是高兴极了。

丁文江每个星期日和我们谈话后，就去和父亲聊天，有时还跟我后母搓几圈麻将，吃过午饭就回家了。我的生母钱新才，1921年在北京去世。一年后父亲和后母陈群之（1900年生于上海，1997年在台北去世）结婚。后母是北京女子师范大学学生，经亲友介绍嫁给父亲。

父亲和后母结婚，是在1922年3月，我还不到五岁。那天我们兄弟三人，穿了新衣，乖乖地呆在一间厢房里（我姐姐那时住在上海舅舅家）。有很多客人，到这个房间来瞧瞧。有几位还用上海话说："这俩个（意思是几个）小囡（孩儿），真是苦恼（可怜）"。

其实，她们的担心是多余的。后来我上了小学，同学聊天时，他们常说自己的后母"如何如何"。我却从来不议论后母。对我来说，她就是我的母亲。

现在回想，她结婚时只有二十一岁，就要照管一个家庭和几个孩子，一定很不容易。

丁文江 1935 年 12 月到长沙去调查地质。我记得报纸上有一则消息，说他因为不愿意做国民政府的铁道部部长，所以借到湖南考察地质之名而回避。他一向鼻子有毛病，嗅觉不好，在讲话时鼻子常有“吭吭”的声音。1935 年 12 月 8 日，他到了衡山，就去找粤汉铁路总工程师凌鸿勋（1894—1981）。凌鸿勋在衡山新造了一所西式宾馆，招待丁文江在那里过夜。据说因为壁炉烟囱不通，他在那里睡了一夜，就中了煤气。凌鸿勋发现丁文江中了煤气以后，找了本地的医生等多人前来救治，给他做人工呼吸，做了有六七个小时，丁文江终于清醒过来，可是身体还是很虚弱。12 月 12 日，又去找长沙湘雅医院的杨济时医生来衡山救治，15 日，又把他转到长沙的湘雅医院。他起先情况尚好，还可以跟赶去长沙的太太和朋友们说话，后来，忽然病情转坏，猛发高烧，即在 1936 年 1 月 15 日下午去世。

丁文江死后的几天，胡适（1891—1962）从长沙看望丁太太后，来到南京，父亲约他来我家吃午饭。胡适向父亲详细报告了丁文江生病的经过，并讨论了丁文江的死因。当时有各种说法，据后来主治医师杨济时说，丁死后被解剖，发现他全身血管硬化。但是我以为这不是丁突然死去的原因。我当时听了胡适的详细解说，并在报上看到有关消息，也有一个自己的想法。那就是医师们在给他医治时，只着重他在煤气中毒以后的症状，而忽略了第一天给他做人工呼吸六七个小时，按压胸部所造成的伤害。所以他最后可能是因为创伤发炎而死。我那时还不到十九岁，以上判断也许只是“孺子之见，不足为凭”吧。

据胡适说，丁在长沙休养的那段时间，一度神智很好，还跟他太太谈到我们秦家三兄弟的情况。我听了很觉伤感。

家父与胡适在北大同事多年。胡适是文学院的名教授，父亲是理学院的教授，还做过理学院的院长。1932 年正月，上海发生了淞沪战争，我国的十九路军，由蒋光鼐、蔡廷锴两位将军指挥，在上海地区与日本大打了一仗。战争一开始，父亲就将我和姐姐舜华（1916年生于上海，现住美国俄亥俄州），送到上海法租界舅舅钱永铭家暂住。父亲又将弟弟宝通送去北平，住在丁文江家里。哥哥宝同留在南京，没有动。几个月后战事平息，我和姐姐先回南京，弟弟随即从北平回来。他回来以后，还和我们提到去过胡适的家里好几次，和胡家的两个男孩（胡祖望和胡思杜）在一块儿玩。

1936年1月，丁文江逝世后，胡适从长沙来南京，并到我家吃午饭，我因此认识了他。那年夏天我考上北平的清华大学。第二年4月，清华举行了一年一度的校庆。那时候一切都很简单朴素，不像今年（2011）校庆那样耗费巨资，建造大楼，兴师动众，大事铺张。1937年清华的校庆，只是在晚上有京戏节目。早晨在大礼堂开了个纪念会，由校长梅贻琦主持，请了两个人来讲话。一个是胡适，会后我走上前去和胡适握手，他说还记得一年以前在南京来我家吃饭的事。另一个讲话的是颜惠庆（1877—1950，中国资深外交家，曾任北洋政府外交总长，及代理国务总理等职）。颜当时刚从苏俄大使任上辞职回国。他一口上海官话，那天讲的是他从前创办清华大学的事。他说在宣统二年，也就是1910年，他负责筹办清华学堂，常常从北京骑小毛驴到清华园办事。

这是我生平第一次看见颜惠庆，也是最后一次。想不到在九年以后，也就是1946年，10月17日，我在美国和他的三女儿颜彬生结婚。她于1921年10月7日生在北京，1943年在美国康奈尔大学毕业。从1946年起，她就帮助晏阳初先生从事国际乡村改造运动，历时五十六年。从打字员、秘书，一直做到纽约办事处主任，国际乡村改造学院副院长，及理事会理事等职。退休后还任理事，为学院事奔走，可以说是“鞠躬尽瘁”了。

颜彬生和我一起，没有子女，度过了五十六年和谐、快乐、清静和简单的生活。我们有共同的语言和人生看法，各自努力工作。每逢周末，必去公园散步二三小时。假期就去世界各地旅游观光，足迹遍及全球。1986年，我俩同时退休，就以全力推动国际乡村改造运动在中国的复兴，差不多每年回国一次。2001年8月底，我们刚从中国回来，她因为脑溢血突发，入医院治疗无效，不幸在9月2日逝世。

2003年9月12日，我与金芸培结婚。芸培是彬生和我认识了多年的旧友。

她于 1934 年 5 月 16 日生在北平的协和医院。父亲金显宅，是中国著名肿瘤专家，被誉为“中国肿瘤医学之父”。芸培曾就读北平的燕京大学和中央音乐学院，还被选入国家游泳队。1986 年，她来美国，1988 年，在明尼苏达大学取得硕士学位，现在是大学音乐教授，并有私人钢琴学生。我们也有共同的语言，并同去中国和外国旅游。她精于烹饪，办事勤快，治家井然，有儿孙多人。我以前和彬生两人没有子女，过了五十六年清静的日子。彬生走后，我过了一年单身生活。现在忽然“儿孙满堂”，摇身一变，俨然是一个部落的“酋长”，开始走上了一条新路。

最后，我还想谈谈在长沙为丁文江治病的湘雅医院内科杨济时主任（1900—1970）。他和 1930 年时的女友李瑞林，都是北平协和医学院毕业的。李瑞林，河南人，在 1920 年左右和我后母在北京网球场上认识，成为终生密友。1932 年，杨济时准备去美国深造，到南京我家来探望，我们才知道他从协和医学院毕业以后，曾经去过河北定县晏阳初的平民教育促进会的乡村建设实验区，工作过一段时间。

1933 年春天，李瑞林从美国回来，在南京市卫生局做妇科主任，就住在我们家里。她也成了我们的家庭医师。那年夏天，我得了伤寒症，猛发高烧数日。幸亏李瑞林及时发现，送我到中央医院，由内科主任戚寿南主治，免于一死（戚后来被翁文灏请到长沙，给丁文江看病，那是 1935 年年底的事。）大约在 1935 年年初，李瑞林去了长沙，并与杨济时结婚。当时两人都在湘雅医院工作。那医院是颜福庆（1882—1970）在 1906 年和美国耶鲁大学联合创办的。颜福庆是我岳父颜惠庆的堂弟，1947 年我曾在美国见过他一面。

1937 年 8 月 13 日，因抗日战争爆发，清华、南开、北大三校南迁，在长沙开设了临时大学。我在 10 月中从汉口去了长沙，和其他同学一起住在十九标兵营里。星期六我常到杨济时与李瑞林家吃饭，顺便看看美国杂志，有时候还会见到一些名人。今天记得的，有一口湖南话的女作家谢冰莹（1906—2000）和《北京晨报》文艺副刊主编孙伏园（1894—1966）。抗战初期，孙伏园在湖南衡山实验区，推动晏阳初的平教抗日工作。他看见我时，说：“你样子真像徐志摩。”以前我没有听人说过我和徐志摩相像。到了 80 年代，出来了几部讲徐志摩的电影，以后就常听见人说这样的话。

有一次，李瑞林叫我陪她去前任湖南省主席何键的女儿（南京金陵女子文理学院毕业）家去吃午饭。何女士就住在她父亲何键家里，有很大的花园，还有好几栋楼房。我们进去寒暄后，何女士就说：“菜已经摆好，我们快去吃，不然饭蚊子就要来吃了。”我才知道湖南人把苍蝇叫做“饭蚊子”。

1939 年 11 月，湖南省主席张治中在日军逼近时，执行了所谓的“焦土政策”，把长沙付之一炬。大火烧了两天两夜，全城变成了瓦砾场，举国哗然。事后蒋介石亲临视察，枪毙了三个中级军官。张治中是蒋的“宠将”，未受处分。抗战胜利后，张又为蒋主政新疆，俨然是“西北王”。那时传说，张是蒋介石两位继承者之一。1949 年 4 月，张和几位社会知名人士，代表南京的李宗仁总统，去北平与共产党商讨和平方案，未有结果。和谈后张治中留在北平，“弃暗投明，改邪归正”。张的独生子张一真，40 年代在美国和我舅舅的三女儿钱妩结婚，所以也成了我的亲戚。

长沙大火前，杨济时和李瑞林已先期搬到广西桂林的医院，继续行医。以后他们告诉我，在桂林遇见了一个人，据说是丁文江的好友，名叫李毅士。他孑然一身，床头金尽，穷困潦倒，百病缠身。杨济时把他接到医院医治，不久，李毅士就去世了。

1973 年，父亲秦汾在台北病重，我从美国飞回台北，和住在台北的妹妹舜英、舜芹，以及两位妹夫（陈勉修、黄岐），一块去陪伴我的后母。那时，来医院访问的人很多。有一天来了一位年老的访客，说他曾经在上海南洋公学读书，是我父亲的学生。原来，他就是三十多年前曾任粤汉铁路总工程师的凌鸿勋。丁文江就是在他衡山招待所中的煤气。

父亲 1973 年 11 月 18 日逝世。后母 1997 年 9 月 19 日逝世。

在这篇杂忆里，以丁文江为主题，谈到了很多各色各样的人物。我不禁想到，在人生旅途上，我和很多很多的人一起走过。有些人，至亲和老伴，一直陪我走了很长的路途。有的和我断断续续地走了几段，有的却只是擦肩而过。有些人会深刻地留在我的记忆里，有些人却不久就淡化了。有的是先见过面，以后就只是听说；有的是先听说过，以后才见面的。人和人之间，或直接，或间接，或复杂错综，或相连相结，有种种关系。大概这就是所谓的“缘份”吧。

人生就是这样地光辉，这样地阴沉，这样地明朗，这样地神秘，这样地变化多端，这样地难以预测。人生的情感，充满了喜怒哀乐，人生的滋味，有甜酸苦辣。活了九十三年，这些我都尝到了。

这篇杂忆所提到的人物，从我父亲和丁文江、翁文灏、李毅士，到凌鸿勋、李瑞林、杨济时，个个都有了归宿，我应该就此住笔。

可是意料不到的是，我还是不能，因为又发现了新的资料。

今年6月初，我在台北的妹妹秦舜英（陈诚胞弟陈勉修的夫人）读了我的文稿后，发来一个网信，说在台北她家里，无意中发现了丁文江亲笔写的《送嘉定秦君汾东归序》册页。落款是“辛亥夏四月丁文江谨序”。里面还夹有我父亲和丁文江的照片，一切完整无缺。我不禁喜出望外。关于这册页书写的日期，父亲在原件上，用铅笔注上了：“应作庚戌，汾注。”庚戌是1910年，父亲就是那年夏天回国的。

现将标点后的丁文江《送嘉定秦君汾东归序》一并刊出。读者自可从中一睹这位著名科学家和思想家的斐然文采与卓然识见。

北京宋恩荣先生是我多年老友，他鼓励我写这篇短文，并在修辞、用字、标点各方面，给予很多帮助，谨在此表示深切的谢意。北京师范大学研究生杨燕、韩绍娜、张睦楚，在本文写作过程中，也曾给予笔者不少帮助，特此致谢——2011年6月30日于纽约长岛。

附录：送嘉定秦君汾东归序

嘉定秦君汾自美洲来欧，居一载，行将东归。余再拜，稽首而进言曰：

今之所谓游学者，吾知之矣。挟父兄之积余，滥吾民之膏脂，鲜衣美服，华屋逸居，出必专乘，食必数簋；夕则逍遥于歌舞之场，日则驰骋于通都之肆；友不择人，言不及义，以妇女酒肉相征逐，以富贵利达相期勉。此游而不学者也，吾恶而痛之。好大言自喜，以意气自负，勇动于气，义形于色；酒酣则耳热，慷慨而激昂，论国事则涕泗横流，挥笔墨则悲愤交至。然不学无术，外强中干，言不足以符行，行不足以满志，流离数载，赤手而归。此不游不学者也，吾悲而怜之。冗坐一室中，闭户自守，讲室外不知有天地，教科外不知有书籍，思以专而愈狭，身以独而愈穷；入境经年而不知其俗，离国未久而几忘其情。此学而不游者也，吾敬而惜之。

今吾子出游美才三年余耳，已有所得，可以归报国人，其学也可知矣。而平日与言天下事则又恍恍不绝，如指诸掌，非留心世事者，能得此耶？学成而来欧，遍历各国，于今世风俗政教之得失、思想学理之迁移，无不贯通明察，博及审思。足迹所至，心目随之。是学而后游者也，吾羡而爱之。

学成而不归故乡，如衣锦夜行耳。吾少离吾乡，于兹八年矣。而学无所成，清夜自问，每惶愧不自禁。东望扬子江，恍如梦寐。文文山云："昨夜分明梦到家，飘零依旧隔（客）天涯。"默诵之，彷徨终夕。今见吾子归，能不愧且贺乎？

虽然，学之境无穷而游之期有限，苟西游而后可学也，则将终吾身而不学耳。方今之世，无地不可游，即无地不可学。吾辈幸得入科学门，知所以求学之绪，归而辍学，不大失国人望乎？今之学者，往往误升学堂为入室。其不肖者无论矣，其贤者亦不能节欲以自持不为利禄所动。一入国则奔走于有力者之门以求知，求而不知则悲愤聊落以自弃，求而知则废学媚世以自欺。故就学于外国者以千计，新立学校以万计，而举国以无师而废学。呜呼！其自为计则得已，如吾民何？

今吾子归，行将出其所学以利吾国人。大则可以振学风、立学制，为吾国民立万世求学之基；小亦可以居一校、执一科，为后学者升堂入室之阶。若都不可得，则扬子江上不乏宽闲之野、寂寞之滨，有田可耕，有川可牧，有剑可击，有酒可倾。发所藏书，则可以幽游于几何之源，盘桓于微积之府，就前人之所已知而进求其所未知，以雪吾国人不学之耻而为后世倡。象数之余，且可旁及吾国前人之遗事、治化之变移，以求吾民族进化之终始，文之于辞而笔之于书，方之于诗书而无愧，传之百世而不朽。又何暇与斗筲者争逐于利禄之场而自误哉！

孟子曰："吾善养吾浩然之气。"得是气者，固不必四十而后不动心也。茫茫大地，世变方长，所可知者，此心而已。余虽不敏，愿执鞭驾驷，从吾子游焉。

辛亥夏四月丁文江谨序

（李琪标点）

耳熱慷慨而激昂論國事則滂泗橫流揮筆墨則悲憤交至然不學無術外強中乾言不足以符行行不足以滿志流離數載赤手而歸此不遊不學者也吾悲而憐之冗坐一室中閉戶自守講室外不知有天地教科外不知有書籍愚以專而愈狹身以獨而愈窮入境經年而不知其俗離國未久而幾忘其情此學而不遊者也吾敬而惜之今吾子出遊美纔三年餘耳已有所得可以歸報國人其學也可知矣而平

送嘉定秦君汾東歸序

嘉定秦君汾自美洲來歐居一載行將東歸余再拜稽首而進言曰今之所謂遊學者吾知之矣挾父兄之積餘濫吾民之膏脂鮮衣美服華屋逸居出必專乘食必數簋夕則逍遙於歌舞之場日則馳騁於通都之肆友不擇人言不及義以婦女酒肉相徵逐以富貴利達相期勉此遊而不學者也吾惡而痛之好大言自喜以意氣自負勇動於氣義形乎色酒酣則

不愧且賀乎雖然學之境無窮而遊之期有限苟西遊而後可學也則將終吾身而不學耳方今之世無地不可遊即無地不可學吾輩幸得入科學門知所以求學之緒歸而輟學不大失國人望乎今之學者往往誤升堂為入室其不肖者無論矣其賢者亦不能節欲以自持不為利祿所動一入國則奔走於有力者之門以求知知求而不知則悲憤聊落以自棄求而知則廢學媚世以自欺故就學於外國者以千計

日與言天下事則又恍恍不絕如指諸掌非留心世
事者能得此耶學成而來歐遍歷各國於今世風俗
政教之得失思想學理之遷移無不貫通明察博及
審思足跡所至心目隨之是學而後遊者也吾羨而
愛之學成而不歸故鄉如衣錦夜行耳吾少離吾鄉
於茲八年矣而學無所成清夜自問每惶愧不自禁
東望揚子江恍如夢寐文文山云昨夜分明夢到家
颯零衣舊萬天涯然誦之旁皇終夕今見吾子歸能

人不學之恥而為後世倡象數之餘且可旁及吾國前人之遺事治化之變移以求吾民族進化之終始文之以辭而筆之於書方之於詩書而無愧傳之百世而不朽又何暇與斗筲者爭逐於利祿之場而自誤哉孟子曰吾善養吾浩然之氣得是氣者固不必四十而後不動心也茫茫大地世變方長所可知者此心而已余雖不敏願執鞭駕駟從吾子遊焉

辛亥夏四月丁文江謹序

應作庚戌 冰注

新立學校以萬計而舉國以無師而廢學嗚呼其自為計則得已如吾民何今吾子歸行將出其所學以利吾國人大則可以振學風立學制為吾國民立萬世求學之基小亦可以居一校執一科為後學者升堂入室之階若都不可得則揚子江上不乏寬閑之野寂寞之濱有田可耕有川可牧有劍可擊有酒可傾發所藏書則可以幽遊於幾何之源盤桓於微積之府就前人之所已知而進求其所未知以雪吾國

记 忆

最后的张白帆——兼述六十年前的陈素卿旧案

亮 轩

读到了王鼎钧的《文学江湖》，是他四本回忆录里最后一本，谈的都是在台湾早期文化界的人与事，揭开了许多影像，而我们原先只见其一角。人物部分，有的细写，有的略写，非权贵即名人，却个个风格相异。其中有一位先生，他没有专章谈，却在书里出现了两次，因为谈的是当年轰动一时的大刑案，事关情变，竟连名流与党国要员都受到震动。到如今记得此案的人，年纪也都七老八十了。此案一般唤作“陈素卿案”。

陈素卿，是花样年华自杀而死的女主角的名字，男主角是张白帆。张白帆出狱之后，改名张平，记得的人也不会多了，想不到王鼎钧的回忆录里，还会提起早年的这个记忆。主要的论点，是由于许多人相信，此案使得台湾的本省人与外省人有了隔阂，特别是通婚。

张白帆已经过世了，时间是2009年，农历年三十的前一天晚上走的，2月13日上午，在台北的第二殡仪馆火化。我是参加他的葬礼的三个朋友之一，另外两人，一位是作家兼出版家隐地兄，另一位是“中广”的前副总经理廖俊杰兄。廖兄与最后的张白帆接触不仅多，而且也是照顾他最多的朋友。廖兄曾经问他，万一怎么样，还有谁要通知？他仅仅说出了我们这两个人的名字。他不是没有亲人在世上，应该还有一些不会忘记他的朋友，只是，他最后的日子非常寂寞，死在林口的一家赡养中心里，当时已经完全失智。赡养中心，通常照应的是无自助自理能力的老人，他的晚境如何，可以想见。

有人怀疑他连小学都没有毕业，但是他母亲是一位英文教师，在那个年头，便是在福建省，能当英文教师的人，尤其是女性，恐怕很少，那么他的家庭应该也非一般。也许他没有合法文凭，但居然编过三部百科全书，分别是中华书局版的《中华常识百科全书》，还为一位年轻的林先生的出版社，编过《妇女百科全书》、《中国医药百科全书》，这三部书都很畅销。他也做过《文星杂志》的总编辑、《台湾日报》印刷厂厂长兼副刊主编。最早，在还没有闹出轰动的陈素卿案之前，曾担任“中广”前身台湾电台的台语播音员。“中广”是当时岛内最大媒体，人才济济，侧身其间，也非易事。在此之前，他担任过《闽台日报》的副刊主编。后来还主持过坐落在武昌街中华书城中里的中华艺廊，名家特展连连推出，红极一时。记得那时他出了一个点子，请名家只管把随手的小品书画拿来，不用装裱，统一售价，结果作品天天供不应求，大发利市，宾主尽欢。他也借机低价购藏了些名家的作品，当然，好画都是由他最先挑选的。他又曾经是大林出版社的主持人。他再爱说谎，这些事实却一定不假。可惜这些风风光光的经历，都无法抹去他最早年“陈素卿案”男主角的身份。社会的记忆自有其机制，该记得该忘怀，由不得他自己。

他的一生多彩多姿，感情生活也非常热闹，我数了数，与他有过亲密关系的女子，无从查证的不算，也有六七位。然而最后的葬礼，家人只有四位在场，分别是三个儿子，跟大儿子的媳妇，还有我们三个朋友，另外是四位殡仪馆当差的执事和尚，一共十一人。

要不是前一天晚上，廖俊杰兄打电话来，我不可能参加得了这个寥落的葬礼。他不声不响地在赡养院里撒手人间，活了八十多岁，寿数不算短，只是，他一生变化无常，如果有人要为他写一篇传记，如何着手真是个难题。他总是真真假假，大概连他自己都说不清。最后的大半年，谁也认不得了，包括他自己。我们三人在葬礼上轻声交谈，发现每一个人所知的他都跟另一人有出入，最后一人说出的，又会让先前两人瞠目结舌。如果有机会跟其他人聊聊的话，深信彼此又会发现许多闻所未闻的他。这篇作品发表后，要是有人为此文再作许多补遗纠正，也不算意外。

廖兄在前晚的电话中问了两个问题。

头一个是：

“他跟你认识也有三四十年了，你听说过他有孩子吗？”

我吓了一跳，从他主持中华艺廊开始，的确有三四十年的交情，虽然说不上无话不谈，但是有孩子怎么从未透露？

“是庞继芬留下来的孩子吗？”庞继芬是他早年已离异的元配之外，唯一的正式妻子。

“不是，年纪都很大了，他大儿子的年纪，跟你也不会差多少。”这就是说，他的长公子已经六十多岁。

廖兄的第二个问题，是问我跟隐地先生熟不熟，能否代为通知？当时我还不知道他最后除了廖兄，只记得我们两人。

第二殡仪馆去过不少次，远远地就四下里寻找，看看是哪一间门前横着他的尊台甫。最后，才在角落上，那一间差不多最小，也最不起眼的地方，发现了他的灵堂，堂外摆上十几张椅子，除了我们坐了三张，其他的，一直整整齐齐空空到底。

他跟我是在他主持中华艺廊时相识，到他主编《中华常识百科全书》时，我们见面的机会又多了一点，但我从未参与编务。

他后来终于也结了婚，那是在1980年。有一次邀我内人跟我去他家吃饭，在木栅。到场方知，只邀了我们二人。我在他们的结婚证书上盖了章，成了那一桩婚姻的证婚人。新娘庞继芬说是他的表妹，年纪很轻，小他二十岁的样子，原来在世界书局当校对。没有想到的是，看来相当合得来的这一对夫妻，太太居然因癌症先他而去，那大概是在1991到1992年之间。庞继芬过世之前，在新庄中学任教。这十一二年间，应是他一生最稳定而又快乐的岁月。但是，直到写这一篇文章之前，才知他最后的这一位太太并不是他的表妹。干嘛连这种关系也不跟我说真话？我想不透。

廖兄与他多年来总有来往，他因车祸路倒。所谓路倒，有两种解释，一是倒在路边无人照顾，二是失去智力无法认知成为社会孤儿，他当时应属前者。警察把他送到了医院，问到有无亲友可以通知，他只道出了当年在中华书局曾经共事过的同事廖俊杰。这是廖兄后来照应他的原由。

其实车祸当时，他已经衰弱不堪，也开始有了失智现象，自行出门，当然十分危险，一个女生的机车一擦，他就倒地，女孩当时并没有发现。他又病又穷，孤老头一个，廖兄为他申请贫困老人的补助，透过检阅官方的文件，这才发现他居然有三个儿子，一位从事海运业，一位是航空业，一位是农业，海陆空全包，都是非常杰出的领导或是独当一面的人才。有此条件，补助自然拿不到了。廖兄继续循线寻找，终于联络到了他的家人，只可惜张白帆的生命已接近尾声，此后只活了一年多一点。为他生了三个孩子的元配还在世，住在私立的养老院里，受到很好的照应。2008 年，长媳还带着长孙去赡养中心看过他。三个儿子中，老大跟他接触较多，彼此却也没有见过几回。

葬礼上，廖兄在我耳边悄悄地说，二少爷还是来了，真好。因为昨晚他还在电话里跟我说二少爷不会来参加葬礼，对于这样的夫不夫父不父的父亲，对于母亲抚养他们三个孩子长大成人的辛苦，两相比较，儿子的不满，不难体会。葬礼之后一两个星期，廖兄又跟我说，他刚知道二媳就是在张白帆过世之后大约一星期左右，也骤然坠楼去世，老二的感受当然更可理解。老三也只是一个人现身，老大的媳妇倒是参加了公公的葬礼。至于第三代，一个也没到。

四位原本就在殡仪馆供职的出家人，站在灵堂门口诵经，都站进去的话，小小礼堂就挤不下。葬礼真是一切从简了，看来也只能如此。他在文化界的资历即使说不上伟大，至少可观。据说他是台大中文系毕业的高材生，但是，到了晚年，他跟廖兄说了老实话，他从来就没有进入过台大，证件是伪造的。他编过三套百科全书，要是说编百科全书靠的无非是剪剪贴贴，那么，他担任过《文星杂志》的总编辑却丝毫不假，《文星杂志》早年曾经在台湾以思想之前进，挑战当局之极限为宗旨，红极一时，也炒红了许多作家跟思想家，李敖就是其中之一，其他的不计其数。在夏晓华先生主持《台湾日报》的时候，他担任印刷厂厂长兼副刊主编，这也是事实。他好学能文，但从来没有学者的名声。善于经营，却也没有企业家的头衔。在文化圈里，他几乎无人不识，然而平生有无知交，就很成问题。

他有一个在名片上使用的名字，唤作张平，但朋友在私下里，依然用他当年轰动一时的姓名——“张白帆”。

张白帆这个名字一出现，大概七八十岁以上的人，马上会联想到“陈素卿案”。许多人到了目前还是相信，那个大案，对于本省人与外省的隔阂甚至敌视，是个重要的指标。有一支台语歌曲《河边春梦》，居然因与此案同时出现而走红，现在会唱的人还是不少。依此案而拍摄的电影便至少有四部之多，两部是台语的，两部是国语的，最后一部的女主角是杨惠珊。“陈素卿案”还可以连带引申出来很多其他的故事，有的离奇悲惨，有的荒谬可笑。当局不胜其扰，便干脆一律禁止传播。

在此只能简单陈述原始事件的始末。

1950 年 1 月 13 日清早，警方在台北淡水河 13 号水门外，发现了一具女尸，脖子上绕着绳子，绳子连到水门上的石墩，警方判定是自杀，她是从上面跳下来，把自己狠狠绞死的。在她的身上又找到了两封遗书，一封给张白帆，一封请妹妹交给父母，因此就出现了一则缠绵的爱情悲剧。

死者是陈素卿，原来她与张先生相恋，但父母反对她跟外省人来往，牵延数年，张先生在不得已的情况之下，已跟另一女子“先有后婚”了，是同在“中广”任国语播音员的徐冰轩小姐，陈素卿与心爱的男人共结连理的梦想，顿成泡影，乃决意一死。

她的情人张白帆很快地就让警方找到了。陈素卿的遗书在报纸上公开发表，字字血泪，哀绝动人。当时的台大校长傅斯年，感动到不行，就跟沈刚伯、毛子水、苏芗雨等名教授发表公开信，极力颂扬陈素卿小姐，谴责所谓本省外省的成见，主张把陈素卿葬在台大的校园里，永为纯情的典范。果然事成的话，应该是中国历史上最后、最现代、最不可思议的一座贞节牌坊。

葬礼上，党政军要员纷纷出席致祭，张白帆披麻戴孝，以“未亡人”的身份答礼。其实这有点说不通，因为他当时是别的女人的老公。

照理说，此事在葬礼完毕后，就可以告一段落。可是有一位《新生报》的记者却一直怀疑一件事，他觉得陈素卿的绝命遗书未免写得太好。台湾刚刚光复，一个二十岁不到的年轻女子，怎么写得出这么好的中文？何况遗书又夹在日文的笔记中。从这一个破绽开始，陆陆续续又发现了许多其他的疑点，比如说，她把遗书留给妹妹，要她转交给父母，因为父母只识日文，希望妹妹转交，也就是要妹妹为父母翻译成父母可以理解的语文。但是在信封上却把妹妹陈素绢写成了陈素“娟”，怎么连妹妹的名字都会写错？而最大的疑点是，张白帆为何总是围着一条围巾？警方终于把他的围巾冷不防地抽下来，便显出脖子上的一道勒痕……一路发展下去，终于证实，那两封绝笔，是他先写好，再由女主角抄下的。陈素卿自杀时，并不仅仅是她一个人在场，张白帆应她的要求，跟她一起双双殉情。后来证实他为自己打了活结，女主角的却是死结，于是一命归天。当时他见陈素卿已死，吓得从现场逃走。那么死者的结是谁打的？要是认定为男主角的操作，自然是谋杀。要是认定为各自打各自的，就无法以谋杀指控张白帆。若是女主角为男主角打的结，必然是死结，男主角偷偷又动了手脚，把死结弄成活结，得以逃生，那也不能因此就定男主角的重罪。但是，他为自己留了条生路，这一点很难推翻。加上其他的疑点，怎么说都对他不利。

案情急转直下，最初他真是以谋杀罪被判了死刑，后来有四位律师替他辩护，最后以帮助自杀论罪，判处有期徒刑七年半。

本省人与大量蜂拥而至的外省人，本来就有些隔阂，大多数本省人都不愿意跟外省人联姻。在陈素卿的遗书刚刚披露，傅斯年等人便认为，此乃爱情不分地域的最佳例证，不料发展到后来，竟成了外省男人更靠不住的理由。这个结果，影响巨大。

与他来往之间，我从来没有过问此事，案发的时候，我才七八岁，能知道什么？我们谈艺术倒是很合得来。他并没有经过专业的训练，品位眼光却很精准。我手边还有他的水墨设色，他极少用毛笔，居然表现得有模有样儿，显然天分很高。他担任《文星杂志》总编辑，常常要自己写文章充实版面，笔名换来换去，隐地说他的文章写得非常好。对于出名，他好像又心怀恐惧。到今天，居然连一本书都没有留下，出版家的隐地讲到这里，总是要叹口气。这个人看来轻钱财，但也不挥霍。记得有一次他邀了几位朋友去他家，那个时候单身一人住在新店，到场的有高信疆、唐文标、尉天聪、廖俊杰，等等，我也敬陪末座。他早早把许多书分门别类地放了几大纸箱，要大家尽管带走自己用得着跟喜欢的。他头一次到舍下的伴手礼，是好大一幅原拓片。他闲时总是手不释卷，什么书读来都津津有味，这个我们有点类似，大概也是谈得来的原因。便是在疗养院里，他也请廖兄为他买些古书来读，包括朱子的四书集注。《文星》发行人萧孟能先生当然极具辨识人才的眼光，能请年轻的他当总编辑，也证实张白帆很不简单。后来萧先生请李敖当总编辑，便请他改当总经理，他当然不爽，可是萧先生对他一直很客气，大林出版社的许多书，原先就是《文星》版权的书，萧先生让他挑，并没要求他付过钱。萧先生如此善待他，我能想到的是，他为《文星》做过的事，功不可没。

关于陈素卿案，我只听到他主动说了一次。他说，当初法官要判决时，问到陈素卿的母亲，你觉得他有罪还是无罪？陈母回答说，法官啊，你说他有就有，没有就没有。那时我当然相信他的话，却也没法回应。后来想，法官会这么样问案判决吗？他还跟我说陈家后来对他非常好，他们之间就像家人一样，这样的话，很多人也听他说过。2008 年间，他的身体、心智都已逐渐走下坡，廖兄曾经开车带着他，到桃园陈素卿大姐家，一块儿进去打个招呼，据廖兄说，看来人家对他不甚欢迎。他没有无话不谈的至友，跟他来往最长久最亲近的是廖俊杰，几十年相处，他却也没有透露还有三个儿子。也许，这是他另一个隐痛之一。

他跟庞继芬小姐来往时，我是知道的，年纪比他轻了不少，他还担心自己要是先走了，太太怎么办。他就特意跟廖兄说，他身后还要请廖兄照应照应他的未亡人庞小姐，没想到先走的居然是年轻的太太。他对庞小姐很认真，这是我的看法。张白帆的身体不好，单身过日子，常常生病，有时病得很重，甚至要送急诊都找不到人相助，衰弱到电铃响了他都无法开门。庞小姐真的很崇拜他的才华，再因为他的身体欠佳，更想在他身边好好照料他，就决定正式成婚。庞继芬先他而去之后，他的身心就一落千丈，然后就是车祸进了医院。

这个人是个资料狂、读书狂，家里堆得满满的都是书本报纸杂志，只余一条窄窄的、仅可侧身而过的走道，这条通道后来也堆上了东西。满屋不通风又不透光，这还不说，他单身一人住在里面，年纪又大，万一发生火灾可不得了！经过提醒，他应付的方法堪为一绝，他把电灯泡装进一个捕鼠笼，热灯泡就不会直接碰到书籍纸张，狂读的日子还是那么过。他也拒绝社工人员定时的访问照应，拒绝为他安排请人来为他整理屋子打扫清洁。差不多可谓拒绝一切的照顾。有一天，廖兄专程去看他，打电话没人接，按电铃没人应，不免想到会不会出了事——就请锁匠来把门打开，这才发现，原来他老人家正在厨房吃泡面，洗碗槽堆得乱七八糟，连蚂蚁都上了灶台。他的听觉已经严重退化，难怪听不到了。

他的生活，社工志工都无从插手，出院之后，就搬到了他的亡妻名下泰山的住所，这一间预购的房子，连亡妻都还没来得及住就病逝了。时值2008年，在这一年，他才跟儿子们、媳妇们见到面，却很难相处，常常话不投机。他的长公子张小帆在廖兄面前表示，三个儿子都愿意照料他的晚年，只是三十多年没有来往，不知道他已经是如此窘困。他们可以为他找个方便的电梯大厦，也可以为他请专职的护士，但他一律回绝。他们也曾经谈到隐地跟亮轩要去看看他的事，但是那样子的地方，差不多就是家徒四壁，张小帆就带着他出门买新家具，什么都依他。此刻他已经快要全聋全瞎，儿子们也愿意为他设法改善这些问题，但是他却一再地强调健保可以支付，不太领情。他总是急躁易怒，百般挑剔，很不讲理，让身边的人非常为难。有一次居然责怪，怎么三十年来儿子们都不照应他？此说连廖兄都很难接受，就警告他说要是再乱讲，就没有人来管他了。其实，在车祸后，检验的结果，就发现他的脑部钙化严重，而且会很快地蔓延。他的不可理喻，病的成分，似乎要比出乎性格的原因大得多。

有一次他从赡养院打电话来给我，语音衰弱，谈兴畅旺，听觉已经不行了，自然他说得多。我们约好不久就在他赡养院所在地的新庄，餐叙一番，他要我跟廖俊杰一起去。但直到他死后，方知为了跟我见这个面，他很慎重地要求廖兄陪他去买了新衣服，还做了一套新西装，可见他至死也要体面。这件事，我想起来就心酸自责。我怪廖兄怎么不早点跟我约定，廖兄说，他的健康一落千丈，没多久，失听又失智，看不看他都不重要了。

然而，依然有两个疑点有待厘清，第一个是关于年龄的问题。

一般的说法是，他先跟陈素卿相识，然后是一段很长的爱情长跑。因为陈家的反对而无法成婚，结果他就跟“中广”的徐小姐结了婚，但同时跟陈素卿也无法分手，终于酿成悲剧。

然而，此说有个漏洞，他在“中广”当播音员，才二十三四岁，那三位最后出现的孩子，老大应该都六十上下了。这就是说，他的孩子是在他二十岁之前就有的，而且是三个，这样的状况，自古都少见。那么，他跟陈小姐恋爱的时候，就应该已经是个有家的男子了，也许他从一开始，就没有让陈素卿知道他的已婚身份。

可是问题又来了，这三个孩子明明是一母所生，难道是他的元配徐小姐从十四五岁就嫁给他，为他一连生下三个孩子吗？然后，他又瞒着当时最多只有二十岁的年轻的太太，去跟别的女生谈恋爱？这个太说不通。

廖兄跟我说了一段往事。

他曾经请一位会算命的岑姓友人，替他算命。岑先生算好之后，他又说，还有一个人的命也请看一看，这个人比他整大了十岁。

把他身份证上的出生年月日加上十岁，这个问题就马上有了合理的解释。他与陈素卿来往的时候，已经是三十多岁的人了，而且家里有妻有子。这也可以解释为何他很年轻就那么博学，原来早已多读了十年书。大家以为三十几岁出狱的才子，实际上，当时已经年过四十。要是真实年龄曝光，“陈素卿案”在几十年后的今天，还会有新的发展，那就是，他与陈素卿相识时，不是二十余岁的青年，而是三十几的中年。也非如陈素卿的遗书所言，是另一个女人后来居上地抢了她的男友，而是陈素卿自己不知不觉地介入了一个已婚的家庭。一往情深的陈素卿，太相信他，也死得太冤枉，太可怜。

还有一个问题，关于揭发此案疑点的记者。他的姓名是姚勇来，太太是沈嫄璋。张白帆案发生时，是1950年。到了1966年，姚勇来夫妻以叛乱罪名被捕，姚被判了十二年徒刑，沈则于被捕后不久在狱中自杀。有一种传言，说是就因为他们在当年捅破了这个案子的关键，坏了当局想要经营本省人外省人都是一家人的计划，当局借故挟怨报复。但是，我们也知道，所谓匪谍案，一般都牵连极广，《新生报》当时为台湾数一数二大报，《新生报》的匪谍案，十分有名，也有人遭到枪决，而姚氏夫妻是否直接因张白帆案受诬陷，可以存疑。传言中说，当局有意安排张白帆后来也“自杀”殉情，制造出本省人外省人因为纯情却受到阻挠而死的故事，但是这个计划因为姚勇来的作为而破局，所以姚氏夫妻就有了后来的遭遇。此说也十分曲折，是否可信，是个人的事了。

他的元配徐冰轩对他很够意思，在他出狱之后依然包容了他，租了部汽车迎接他，此后他又有了差不多十年的婚姻生活，接着又生下了两个儿子。直到他太太发现他再结新欢，从此断绝了与他的一切关系。三个孩子都是母亲一手拉拔大的，个个都有成功的事业，可见他的元配，处处都很不容易。

要不是廖俊杰，张白帆最后的故事，可能永远没人知道，结局也完全不同。但是这一位寂寞的老人，要不是在医院中警方的面前说出了廖兄的名字，后来，很可能成为孑然一身的死者，隐藏在医院的记录中。

还有一点插曲。

那天的葬礼中，廖兄为我介绍他的公子们，老大跟我握手的时候说，他的女儿是我的学生，已经在美国好几年了。原来我曾经是我的朋友的孙女的老师。我跟张白帆有交情，她的父亲不会知道，我更无从让这位学生知道我是她爷爷的朋友。张白帆当然还有几位第三代，但他只见到了长孙，而且神智已经不甚清楚。他的老大跟老二的太太是亲姐妹，所以，男生又是兄弟又是连襟，女生又是姐妹又是妯娌，很特别的关系。姐妹与兄弟都相差十岁，谈恋爱时常常要带着妹妹跟弟弟，那是民风保守的时代，应父母的要求，常有的约会作风。这对兄弟的背景大家都晓得，总会受到指指点点，这一对姐妹能甘冒不韪，前后与这两位男生交往成婚，她们娘家父母亲的胸怀，跟她们姐妹俩的执着，真可谓有胆有识。

仪式结束，我们三人一起离开，边走边谈。谈着谈着，还没到大门口，又多出来一位隐地跟我从来没有听说过的女性，比张白帆年轻得多，曾经从美国寄来一笔钱给他，要不是由廖兄代办，我们永远不知道他还有这么一位朋友。切实关系如何，我们猜不透，也不想猜。

于张白帆，因为年轻时的率性，搞出一段欺骗了一位少女的婚外情，在刚开始的时候，他会想到正在惹火焚身吗？陈素卿的痴情，有无让他进退失据？他使得陈素卿抄下他代她而写的绝命书，足见陈之坚决求死，已非一天两天的事，他是阻止不了，还是未加阻止任其发展？其间百味杂陈的心境，局外人难窥其堂奥。事后，他那很不必要的聪明，把原本的星星之火，演变成轰动全台的离奇大案，身受长年牢狱之灾，让他永远逃不出这个阴影。陈素卿这个名字，是他一生摆脱不掉的魔咒，在默默中他饱受折磨。他非常努力地，要闯出一番事业，从而得到自我救赎，然而终究没能解脱。对于客观的环境与成见，他无从着力，便主观地一再掩藏与说谎，谎言愈来愈多的时候，那个谎言就非得借助于更多的谎言来巩固了。户口制度实施之初，少报与多报年龄的人多得是，于他却很不一样，一旦曝光，陈素卿案就会有数十年后的新版本，这个已经让人拍了至少四部电影的故事，难保不会有人重新炒作。

他的模样，我曾经想从遗照中追回一些记忆，然而现场所见，却让人无奈。那张放大了的遗照，混浊不清，还有弯弯曲曲的水渍。只见一张大脸，肩膀切了去，脖子也不见，从前的区公所，为了应付照片栏的大小规格，剪刀咔嚓咔嚓两三下，两英寸剪成一英寸，留下来的尊容，便是如此。他戴着一副厚厚的眼镜，淹没在变得灰黄的水渍下。这张照片也可能长年遗落在抽屉一角，要不是他过世，不会有人发现。我怎么看都不认得，但那是他真正的最后容颜。

我看过他的一张网络上呈现的、跟陈素卿小姐的合照。两人紧挨着凝视前方，欣欣然地望到无限。陈素卿卷卷的一头黑发，刚烫了的，也是那个年代最时髦的发型，果然明艳动人。张白帆一双晶晶亮亮的眼睛，一对浓浓的眉毛，挺挺的鼻梁，英气勃发，的确看不出来已经三十多岁。

拍照时他想什么？是在梦境里？还是在现实里？还是，像许多人说的，在一个爱情骗局里？他是他制造出来的那个张白帆，还是做他原来父母生下来的张白帆？也许该这么说：有一个人，在来台之前，他的名字是张清溪，在台湾好几十年里，张清溪这个人出现过吗？哪怕是一天、一小时、还是一分钟？

这是一个负担得极为沉重的生命，数十年来的每一天，他都活得辛苦，徘徊在张白帆、张平，以及张清溪之间。陈素卿案的现场情境到底如何，再高明的警探也无法重建，因为陈素卿无法起死回生，爱情又是那么样地无从了悟。骤然成大祸，噩梦总牵连，千古恨紧缠着百年身。那，我是该记得他，还是该忘记他？还是得承认，对我来说，从来就不知道谁是真正的他。

记 忆

西域探夫记

周素子

我的丈夫陈朗于1957年被划为“右派”，先后在河北保定与张家口地区服劳役多年，再下放到甘肃。我作为家属也随行去了兰州，却一直没有工作机会。直到“文革”前一年，由教育界朋友洪曙光的帮助，得以在兰州西固一所中学任代课教师。然“文革”一开始，因我的“右派”身份，立即被学校辞退。在“横扫一切牛鬼蛇神”的口号下，在省、市文化部门，凡有“历史问题”和历次运动中受冲击过的知识分子，又都被揪斗、关押，列为斗争对象。陈朗为北京中国戏剧家协会下来的“右派”，自属首当其冲，在他工作的部门，是最早一名被关押、审查的“阶级敌人”。接着，在省人委门前搭了一个露天台，押上这批“牛鬼蛇神”，开了一个要将“文化大革命”进行到底的誓师大会。

自那天以后，陈朗就再也没有回家。

陈朗的罪名也不断升级，升级到现行反革命。从1968年算起，陈朗即被押往青海、甘肃、宁夏边境诸地的农场服劳役，先后达十三年之久。在这十三年中，我带着孩子辗转各地颠沛流离，迄无宁日。我只在前期未离开兰州前，曾两度到农场探视过陈朗，直到1979年夏才在北京重聚。这中间的十年，我再没见到他。为了避免政治牵连，为了孩子的成长，我们几乎不通音讯，彼此的讯息，都是靠陈朗的弟弟陈诒每年自新疆石河子工作单位南返探亲时，路经甘肃，对兄长作短期的探视时带回来的消息。

我第一次探视陈朗，是在1968年冬季。此年三幼四岁，自1966年南返时即留在二姐家中，比起两个姐姐，她少受许多折磨。身边尚有大幼和二幼。那次我将她俩安顿在一位浙江老乡家，独自前往荒凉的青、陇边境大通河畔。火车出了兰州市，西行几十公里后，即是广袤、悲壮的西北高原，停车处并没有车站，一下车就在荒野中！西北的冬季，土地已经冰冻三尺，并无农活可干。我到达农场时，人们告知，陈朗到河边挑水去了。等了半天，不见回来，问明方向，我想到半路去迎接他。这一带的土地辽阔，荒草连天，我在风沙迷眼中，顶风而行。我用围巾包着头，裹着棉大衣。一路上不见一个人影，真正的独行。走了许久才见到远处地平线的衰草中出现了两个人影。据后来陈朗告诉我，他也从远处见到我这独行者，越走越近时，他从步履体态中判断像是我。但他又很快地否定了这个判断，他不能相信在这个时刻，我会到达农场，会独自行走在旷野的风沙中。

农场附近没有水源，每天轮流着每趟由两个人到大通河去挑水，一担水，要花半天的时间。在这个农场里有一个服役者，就因为挑水，感到生活的绝望，自杀了。

青、陇交界地域，这一带的山是祁连山的余脉，地表为黄土层，处于海拔两千米以上，在世界屋脊的范围内，从来人烟稀少。这里降雨少，温度低，冰雹频仍。这条赖以饮水的大通河，发源于青海大雷山与大通山之间，古称浩水、合门水，这是塞外一条著名的河流。古代在这里有一座因水而命名的浩隘，是座古城，汉以前西羌居此，后被汉将马援击破。这里还曾是古战场遗址哩！历代的文士，尤其是边塞诗人，都曾经讴歌过西域。春秋时期，这一带属秦，属西戎。汉武帝派张骞通西域，派霍去病击匈奴，使西域成为中亚西亚的丝绸之路，东西孔道。人们熟知的唐僧玄奘去西天取经，也取道于此！在这周围，还有玉门关、阳关，有莫高窟、麦积山石窟、拉卜楞寺、塔尔寺、炳灵寺、崆峒山并嘉峪关。陈朗在如此丰厚的文化积淀之间劳动生存，他并不孤单！

农场几乎没有什么建筑，被关押的劳动者，竟然没有床铺，藉草而眠！除几间土房外，只有一个木栅门。这些农场尚不是公安机关的劳改农场，是“文革”时期各部门私设的关押受审查或未定性、被监督留用的“罪犯”们之所。

我在农场探视期间，借住在离农场三四里处的名叫花庄的小村子里，这个村子都是土房，约有二三十户人家，土房矮小，纸窗，热炕。生产方式粗放，整个冬季不事田间劳动，是“老婆孩子热炕头”的时候，如果不以“阶级斗争为纲”，这些村落，即使处在边塞，村居生活还算是恬静、祥和的。

我在花庄得到村中小学教师宋老师的接纳，宋老师是内蒙人，跛右脚，然而面目姣好，性情温厚，她的丈夫在部队里服兵役。她非常热情地接待了我，我在她家住了三天。白天我都到农场，为陈朗拆洗被褥，缝补衣裤。农场没有水，洗涮之事带到花庄完成，花庄有一口深井，水色土黄。陈朗并不能与我交谈。他们还必须在冽风中出工，把田野中堆着的冰冻的粪便敲开，再堆放，等待明春土地解冻时施肥。我在宋老师家的三个晚上，几乎全村的人都到她家来看望我，到土屋中与我作伴，人们并不忌讳“反革命家属”，西北农民的深情厚意令人感动，永生不忘。宋老师蒸白面馍招待我，用新婚的被褥供我睡眠。村子中的农民都热情请我到他们家作客，吃水饺。夜晚在宋老师家炕桌的油灯下，我为他们代写过书信，代打过报告，充当参谋。人们誉我为“昭君出塞”、“孟姜女送寒衣”。我确是送了一件寒衣给过陈朗。当时我在兰州正与“老右派”袁炜夫妇一起收破烂，糊鞋帮。袁炜收了一件大衣，让孟夫人打了几十处补丁。袁炜说，穿上这件像牛皮一样的厚实大衣，既可挡风，又可藉地坐卧，抵得上苏武的斗篷。在花庄，除宋老师外，我还结交了一位从关中逃荒至此的妇女，她告知我一件花庄人不知道的秘密。原来她身边这位机灵的六岁男孩，不是她亲生，是她在关中田埂上捡的弃儿，当时这个孩子出生才几天，头盖骨似乎是松散的，她用手帕将孩子的头颅扎好，她用面糊喂他，孩子居然奇迹般地成长了。

三天中，农场的管理者不许我和陈朗说话，居然有一天，一位监视人员允许我随这批服役者同到田间去。野外，寒风特别强劲，监视者不知躲到何处避风了。服役者也彼此间隔较远。我与陈朗一起运肥，我们得以自由交谈。我们相约，在任何困境中都不能想到自杀。我们料想今后将更无宁日，不可能再回城市，设想若能够在这塞外花庄营建家园，也该多好！陈朗的情绪，居然颇为乐观。我们一面劳作，他一面向我口述一首近作《望海潮》词，题为“红古学耕”，因无纸笔，也不敢记录肇事，他让我背诵记忆，回兰州后为他笔录下来。经过几次反复吟诵，我只字无遗地背诵下来了。词曰：

山回似抱，川流成嘴，西河不做腰拦。汉垒已埋，秦渠未凿，千年遗下平滩。沙积几时还。但泥犁小试，为解征鞍。庄块烟迷，最新图画拟重看。

长天夜气漫漫。有流星坠屋，斜月衔山。呵壁何求，书空多事，草间旋起沉鼾。无梦到槐安。剩案头尘冷，谁见萤干。浪笑从前，只因误步落邯郸。

词写眼前景，也用了些“典”。陈朗说，本地百姓称大通河为“西河”。嘴，近处有地名曰“河嘴”，公社所在也。附近确有一条废渠，乃秦时故迹。乡人称今土筑园居为“庄块”。泥犁，梵语，意为地狱，借二字以切题——耕也。“白纸可以绘出最新最美的图画”则倒属“最高指示”。呵壁，典出屈原呵壁作《天问》。书空，典出殷浩（“咄咄怪事”）。萤干，杜甫《郑广文（虔）故宅》诗：“案头干死读书萤。”邯郸，“邯郸学步”（见《庄子·秋水》）。又《邯郸梦》（即《黄粱梦》）、《南柯梦》（即所谓“槐安国”），这便是我国伟大戏剧家汤显祖“四梦”中的两部作品，两个古代的传奇故事经戏剧化并加以哲理性的抒发者。戏剧工作原是陈朗的“本行”呢。由于有现实的“景”并过去的“典”，所以容易记。

我第二次去农场探视陈朗，是在1969年春，当时我与孩子将被赶出兰州市，又不准迁回南方农村，即将到陕西富平农村落户前。此去劳燕分飞，不知相见何日。我带了大幼、二幼同赴青、陇交界处，再度探望陈朗。孩子们在这次见过父亲后，要等到1979年夏，十年之后，她们都已长大成人时，才重见父面。当年她们太年幼，在后来漫长的岁月中，竟完全淡忘了父亲的形象以及有关他的一切……这一次赴农场，我们住了两天，仍然不准陈朗和家人说话。夜晚我带着大幼仍然住在花庄，二幼则伴父亲睡在农场的地铺草堆上。

陈朗在十多年间，曾在这一地区范围内几个所在服役过，共同相处“戴罪”者，与陈朗较有深交，给我印象亦较深刻的，有三五位，其中有马逢春。马是河北任丘人，毕业于中央音乐学院，年轻有为，为男中音歌唱家。原在北京任职，曾出国演唱，略有知名度。“文革”前，处于边远的兰州市派人上京物色人才，商调他到兰州文化单位工作。“文革”开始，他的任丘老家被抄，在他老母亲的一只陈年箱底翻出马读小学时的一本练习簿，因他小时听过武侠故事，也喜使枪弄棒，乱写乱画，曾在练习本上画一把刀，写“刀枪不入”四字。不想这把“刀”下，恰印有毛泽东像，这就构成了他仇恨、要“杀”伟大领袖的罪行。先被批斗，曾关押，与陈朗同一地点服役。后定性为现行反革命，被遣押回河北任丘家乡受监督，作苦力劳动。

另有一位谷成志，我虽然没有见过他，但对他存感激之情。他当年求学，同时考取上海音乐学院并中央音乐学院，他先读完上音再到中音进修研究生。他擅长作曲，也有较深的乐理研究。在上海时，曾从吴昌硕之子吴东迈先生学习国画，多才多艺，绝顶聪明。也是“文革”前兰州方面向北京商调来的人才。他是东北鞍山市人，年轻，原无政治历史问题。在“大串联”的旅途中结识了一位女友。这一时期各单位都处于瘫痪状态，并不上班，他与女友同到东北各地，迟迟未归。原来这位女友乃是当时中央“文革”小组成员著名笔杆子“王、关、戚”之一的关锋的女儿。正是三十年河东，三十年河西，不久“王、关、戚”被打倒，女儿受株连，并波及谷成志，双双在沈阳的军区牢狱里关了近一年。谷虽然后来被释，遣回原单位，但亦成了陈朗劳动场地的“难友”。谷成志为人诚恳，他对陈朗的人品很推崇，有感情。他提出今后若有机会，他要培养三幼，教她钢琴。在“文革”后期，相对地有了一些“自由空间”，那时我们母女在杭州郊区，兰州方面来信让三幼打印手样寄去，看看是否具备弹钢琴的基本条件。这件事情当时给我的希望、鼓舞之大，至今感激。因为在当时，还有谁关心我们的孩子！

陈朗难友中要数一位女性孙丽琴命运最为凄惨。孙丽琴原为北京评剧演员，约三十多岁，她丈夫是兰州市文化界的一个中层干部，造反派要揪斗她的丈夫，想从孙丽琴打开缺口，这都是普遍使用的伎俩。可是孙丽琴的承受力太差了，只经过了二三次压逼、批斗，她就在当时劳动所在地强湾（属皋兰县）悬梁了。可见当时的气氛。

其时甘肃省革委会成立不久，正是“路线斗争”、“清队”进入白热化阶段，学校、工厂，包括文化部门等，均进驻了军宣队。时有遭镇压者。一位留洋回来在省属人民医院任外科主任的大夫，地主家庭出身，由于一位贫下中农成分的病人死于手术床上，经家属一“告”，便被轻易地押赴刑场枪决了。集中在强湾的这批文化人，揪出后被认为有“严重问题”者，如马逢春，还有侯廷德，也是陈朗的好友，原在某剧团操主胡兼作曲，前时被本单位的造反派指为“保皇派”，曾被打断一根肋骨，还有一位姓许的小演员（不过生活和言词上的小问题），三人即被押送到白银市部队管辖的监狱，与死囚们关在一起。半年后侯廷德放出来时曾对陈朗描述过，说在那些日子里每天都会考虑自己“末日”将临，左右隔壁的单身牢房里，时有关押次日“待决”的死囚。一条“反标”便足以致死。一个偷过几十辆自行车的小偷，最后偷到了原市长（市革委主任）家的，即被处以死刑，侯廷德听到他被押上囚车出监狱大门时高呼：“小白桦，永别了！”因监门外栽有一排白桦树。那时，还不像后来那样，割人喉管，否则，他连这句话也喊不出来了。在强湾，被揪出关在该处“牛棚”者，则随时为造反派拉出一批人，带到山崖后列队逐个用棍子抽打或用石头狠砸，该地的老乡都感惨不忍睹，愤愤不平。孙丽琴的上吊便是在那个岁月里。

陈朗后期所在的那个农场，生活较前数处安定。最末几年的场长龚君，对他颇为照顾。龚君为兰州本地人，兰州大学艺术系美术专业毕业，当时四十多岁。龚为人诚实，不善钻营，妻子亦是个普通劳动者。在“文革”后期，他竟被委派当了农场场长！他携妻并一子一女都在农场生活。他让陈朗养猪，把猪舍建在山边上，与其他人稍有间隔，可以少受干扰。陈朗居住猪舍，竟能读书自若。1975年，龚君因痼疾顽固头痛，批准到上海诊断。他到上海后，特转道杭州，到武林村阁楼看望我们母女四人，这是多年来唯一从西北来访问我们的人。那时三个孩子都在杭州上学，正逢周末，我们全家陪龚君游览西湖，游历了苏白二堤、岳庙、孤山等处，他为我们拍了许多照片，准备带给陈朗看。我们在阁楼请他便饭，吃螃蟹，喝酒，他竟不认得螃蟹，不敢吃。龚君详谈陈朗在农场的生活。他感叹说，让陈朗养猪，猪越养越瘦，那些猪灵巧得能翻墙，陈朗很负责，经常半夜出去找猪，但要吃他养的猪肉，真不容易……龚君的来临使我们很高兴，但是陈朗究竟何时可以离场返城工作，以及本人的今后命运，他和我们一样地感到茫然。

我们不仅侥幸存活，而且后来合家团聚。但在那段岁月中，妻离子散，家破人亡者却大有人在。陈朗的难友苟活过来者，如谷成志，他后来回鞍山老家，其志不衰，仍从事乐理研究，著书立说。其余人也大多苟活过来。1978 年，在兰州的难友们曾为孙丽琴“迁骨”。谨录陈朗是日所作的《为孙丽琴迁骨重赴强湾》七律一首，以哀悼孙丽琴并祭奠当时所有无辜牺牲的亡魂：

一生难至鬼门关，尚许轻车入强湾。
魑魅择人曾肉食，鸺鹠栖树总衣斑。
重来不辨荒荒冢，回首惟看莽莽山。
潦水剩将魂梦绕，何求玉碗与金环。

注：强湾，因该地居民姓强（平声）而得名。今作为强力或勉强之强（仄声）用。玉碗、金环，指生前之物殉葬后而于转世时所持玩，事见羊祜（《晋书》）、卢充（《搜神记》）等。

记 忆

劳动大学遇险记

吴大年

江苏劳动大学创办于上世纪60年代，是江苏第一所也是唯一的一所独立设置的半耕半读、社来社去的高等学校，学生毕业后从哪个公社上大学仍分回到哪个公社，国家不包分配。

1964年7月，时任国家主席的刘少奇来江苏视察，在全省地、市委书记会议上阐述其“两种教育制度、两种劳动制度”的主张，认为全日制学校不能不要，但除了这种全日制的学校以外，还应该有另一种半工半读或者半农半读的学校。他的这一主张，早在1958年5月30日中共中央政治局扩大会议上就讲过。他认为，不仅中小学，“某些大学也可以半工半读。可以有全部半工半读的大学，也可以在现有的大学里面办几个半工半读的班”。1964年8月1日，刘少奇在中共中央召集的党内报告会上讲话，再次重申他的“两种教育制度、两种劳动制度”的主张，认为“两种教育制度、两种劳动制度”，不仅是普及教育的需要，更有着消灭脑力劳动与体力劳动的差别的长远意义，从半工半读学校培养出来的学生是“一种新人”。

江苏省委对刘少奇的指示十分重视。当年9月，省委决定成立半工（耕）半读领导小组，由副省长、省委宣传部长欧阳惠林担任组长。不久，又制定了《关于发展半工（耕）半读教育制度的规划（草案）》。12月，省委批转省教育厅党组《关于建立工读教育局的情况报告》，省教育厅随即成立工读教育局。而实施“两种教育制度、两种劳动制度”的措施之一便是创办一所半工（耕）半读、社来社去的高等学校——江苏劳动大学。1965 年 5 月 1 日，劳动大学正式建立，校址设在句容县石山头，省教育厅厅长吴天石兼任该校党委书记、校长。

然而，一年后随着“文革”爆发，劳动大学的学生起来造反了，他们提出了毕业后由政府统一分配的要求。

自 1966 年“文革”开始，高校教学秩序即被打乱，当年起又停止招生，一切正常工作都已停顿，教育厅同样无法开展正常工作。先是忙于接待各地来宁串联的红卫兵，接着是应付上访群众提出的各种各样的要求，如有的民办教师要求转正，有的因学籍处理不公要求更正，等等。但这些棘手问题在当时是根本无法解决的，劳大学生要求统一分配便是其中一例。

我当时正在教育厅参与上述接待来访工作。之前几个月，我作为南京师范学院工作队队员，因执行所谓刘邓的“资反路线”，被“革命小将”围攻批斗，并曾被挂牌游校园示众，身心遭受摧残。在作了“深刻检查”后，好不容易才于 1967 年初由南师政教系的“革命群众”允准回厅。未料，刚初尝“文革”风暴之滋味，却又要经受另一场生死考验。

其时，教育厅除吴天石厅长被南师造反派批斗至逝，几位副厅长也都“靠边站”，教育厅的革命群众组织已经夺权。有一天，厅里开大会，其中一项内容便是讨论如何处理劳动大学的问题，并议定派我、任品昂和周立人三人到劳大去一趟，听取学生的意见。说实话，我原在高教处工作，与劳大完全不沾边，对其基本情况一无所知——这些学生来自何方？他们对半工（耕）半读、社来社去作何理解？入学时又有些什么想法？我都心中无数。要我参与其事，纯属拉郎配。但那时厅里接待任务重，处室原有分工早被打乱，也不便硬推辞，便答应了下来。三人择日启程到劳大后，一开始学生们也许是对上面解决问题抱有太多的期望吧，对我们还算客气。我们在学校大约住了两天，开了各个专业的座谈会，气氛不错。我们表示回厅后将他们的意见向领导反映，便返回了。

回厅后汇报了情况，我以为该任务也就到此结束了。其实不然。

不久后的一天，劳大一些学生跑到教育厅，指名道姓地要上次到劳大去的几个人随他们到卫生厅去开会。由于劳大所设立的农学、医学等专业与农林厅、卫生厅有关，因而那天被喊去开会的，还有农林厅教育处的一位姓沙的副处长和卫生厅医教处的叶和声等人。到了卫生厅后，却始终未见有什么人来主持开什么会。将近中午时分，有几个学生气势汹汹地走进会场，一进门就强令我们跟他们上汽车去劳大，这一招倒使我们大出意料。问他们去劳大干什么，他们并不搭理，只是一味催促我们快上车。在他们的强逼挟持下，我们只好跟他们坐上一辆卡车来到学校。其后来了几个学生把我们分别安排到学生宿舍，强令我们住下，我和农林厅的沙处长被分配住到了女生宿舍。就这样，我们这些省级机关的干部居然在光天化日之下突然间被劳大学生设计劫持，失去自由，并成为其阶下囚。

下午，有学生通知我们开会。一进所谓的“会场”，我就感到气氛明显不对头。只见学生们早已在这间大教室里严阵以待，并围成一个大圆圈，随即又将我、沙处长、任品昂、周立人和叶和声几个人推到圈子中央，接着便对我们拳打脚踢起来。他们边打边骂并斥问：“你们为什么骗人，为什么不解决我们的问题？”由于教育厅是劳大的主管部门，所以教育厅的几个人挨打最多，特别任品昂因是教育厅一派组织的勤务组成员，成了学生们重点“关照”对象。他们直朝他的头部猛击，打得任捧着自己的头嗳哟嗳哟地直叫唤。我则被他们像个皮球似的推来搡去，当这边的学生把我推向对面，那边的人接着又把我再推过来。如此这般地多个回合下来，我被搞得天旋地转，头昏眼花，眼镜也被打落在地弄碎了，而围着我们的学生们却嘻嘻哈哈地在一旁狂笑不已。此时，我虽因事发突然而感到紧张和气愤，但心里还是清楚的：他们在拿我们泄愤取乐，其行为之狂暴，已近丧失人性，我们与他们之间大概已没什么道理可讲了！

不知过了多久，“会”开完了，我们由学生们押着去吃饭，在监视之下一直无法交谈，但从彼此交换的眼神里却明白无误地传递着同一个信息：“大祸临头，事态严重！”

日子就这样艰难地挨过了一天又一天，我们与外界完全隔绝。机关里得知我们被“押解”到劳大几天不回，十分焦急，但在当时那种无法无天、极度混乱的情况下，却也拿不出什么解决办法。这期间，劳大的学生们干了些什么，有没有和我们所在机关联系，都不得而知。但有一天，教育厅、农林厅和卫生厅派了第二批人来，我们又一起和学生们会谈，可以想见，谈判不可能有结果。

后来，第二批人回去了，而我们这几个人却仍被扣留。我想，我们肯定已成为学生解决他们毕业分配问题的最后法宝——“人质”。

怎么办？学生们所提要求明摆着是不可能解决的，即便把我们一直扣留着，我们也不可能给他们什么许诺。然而，我们这几人难道就这样被他们一直囚禁在劳大吗？

一天晚饭前，任品昂找到我，悄悄对我说：“我和叶和声商量，现在唯一的办法是逃出去，刚才得到消息，今晚学生们开大会传达文件，我们今晚就跑，你看怎样？”我一听，眼前一亮，对啊，跑出去！于是立即回答他：“我赞成。”他说：“先做好准备，等学生们去开会后，赶快到我这里来！”我答应着，并立即通知了沙处长。

吃晚饭的时候，我们几个人都碰到了，从大家的眼神里，我知道大家都已做好准备。

饭后，果如任品昂所说，学生们去开大会了。

我和老沙立刻走出女生宿舍跑到任品昂处，他拉起我的手就跑。那时节天气还很冷，我穿着件羊毛皮大衣，跑起来实在不便，就脱下大衣，任品昂一手拉着我，一手抱着我的大衣，我们迅速向教工宿舍方向跑去，只要越过那几间平房，就上到公路，而跨过公路上了山，就算是跑出校区了。于是几个人没命地狂奔，从教工宿舍后面绕过时，我们尽量放轻脚步，唯恐惊动了屋里的人，但还是被一只狗发觉狂吠了起来，所幸没有人出来。一过教工宿舍，我们又一路狂奔起来。跑着跑着，终于看到了校外的大路，这让我们看到了希望，于是更加鼓起劲爬上路边的山坡，但仍不敢停留，继续向山上爬去，爬呀爬地，回头看看离学校远了，才停下来喘了一口气。啊，逃脱第一步成功！下一步怎么走？到哪里去？几个人议论开了。

但是，由于时间紧迫，我们不能在此多加讨论，因为学生们开完会发现我们跑了一定会来追我们，我们必须尽快定下下一步行动方案。叶和声是卫生厅医教处的干部，他很沉着地推测说：“学生如果来追我们，一定是顺着去南京的方向，我们现在只能走相反的方向朝镇江方面跑。”我接着他的话说：“我赞成。”又说，“情况紧急，我们现在只能听一个人的。”于是，大家都同意老叶的意见，并推他做我们这个小分队的“头儿”。老叶也很爽快地应承下来，说：“既然大家信任我，那么现在就跟着我走。”不过，问题又来了，我们此时不知身在何处，不辨方向。老叶说：“不要紧，看看天上的北斗星就知道了。”这真是个好办法，于是众人立即按北斗星的指引，一路向东继续前行。行进时也不敢放慢脚步，仍然是急步跑着。任品昂始终拉着我的手，也始终抱着我那件倒霉的大衣，我虽然没有了眼镜，居然也就这么跑了下来。就这样又跑了一个时辰，忽然，在我们后方远处出现了火光，那是手电筒的光，也有火把的光，学生们果真追出来了，但他们是朝着去南京的方向追我们的，老叶说对了，大家的决策对了，我们好一阵高兴。这时，老叶又说：“我们现在不能停留，必须再往前走，走得越远越安全。”大家虽然已经跑得筋疲力尽，疲惫不堪，却真的不敢停留，仍然鼓着劲儿继续赶路。终于，后方的火光渐渐熄灭，我们可以松一口气了。这样走啊走啊，约摸走到下半夜，忽然听得远处有人声，大家吓了一跳，莫非是学生找上来了？抑或是遇到了歹徒？正好不远处有一座小土丘，老叶忙说，“快离开大路，到路边土坡后躲起来！”跑到路边小土丘后蹲下时，人声已近，原来也是几个夜行人，总算是一场虚惊，大家又松了一口气。略事休息，大家商量必须在天亮前赶到高资，找个小旅店隐蔽下来，然后设法和机关取得联系。商议既定，便立即赶路。一直走到天空泛白，隐约看到前方路边似有个小屋，男同志们急步上前去叩门问路，啊，原来我们经过一夜奔波已经到达高资镇！“出逃”成功了！那一刻，大家虎口脱险的兴奋心情真是难以用语言表达。

小屋主人开着一间小店，夫妇俩对我们十分热情，知道我们走了一夜，个个疲惫不堪，又看我们不似坏人模样，竟然邀请我们进屋稍事休息。他们为我们烧了开水，还煮了一锅米粥，这让我们既感激又感动。在那人人自危的动乱年月中，世间仍有真情在，当大家一碗热粥下肚，不仅身上寒意顿消，更觉心窝里暖意融融。

当天，任品昂和机关联系上了，机关当即决定派车来接，并约定接头的时间和地点。傍晚时分，我们如约来到镇外公路上一处较偏僻之处，那儿已停有一辆吉普车在等候我们，接应者是办公室的秦剑平和高教处的冯荣坤二人。上车后，老秦很机警，催司机快开车，每经岔路口，又要我们几个人蹲下隐蔽，终于一路顺利回到南京。为安全起见，我们几人都暂不回家，而是在亲戚朋友处又隐蔽了好几天才敢回机关上班。

值得一提的是劳大一些老师对此事的态度。他们中相当多的人自始至终态度明朗，不赞成学生们无法无天的粗暴做法，并在暗中为我们通风报信，提供帮助。记得“文革”后曾有一位教师来看我，说起那晚我们出逃之事，他说：“那一次你们可真险啊！当晚学生们分头上山找你们未果，第二天又在通往南京的一些路口设卡守候，也未等到。如果你们被追回来，有学生建议要把你们沉到水库里去，后果不堪设想！”

四十多年过去了，每当我忆及“文革”初期经历的这段险遇时仍是心有余悸。在那个是非颠倒、良知泯灭的疯狂的年代里，“革命小将”因被人操纵利用而将无辜的人斗死整死的惨剧，几乎每天都在中国大地上上演着。我当时只是一名普通的机关干部，假如我被那些无知无畏的小将们整死了，于国家而言充其量不过是“史无前例的文化大革命”的圣坛上又多出一个小小祭品而已，似乎没什么大不了的。但对我的家庭来说，却无疑是灭顶之灾：丈夫在单位里作为“黑帮分子”被揪出早就身不由己，且上有近七旬无工作的老母，下有四个未成年的儿女，难以想象在没有我这个顶梁柱的情况下他们怎么生活下去？如今，我已活到了望九之年，享受离休干部待遇，可谓儿孙满堂，家庭幸福，尤其是看到儿女们个个事业有成常感十分欣慰和自豪。但话说回来，如果当初我真的被小将们抓回沉湖，还能有今天的一切吗？能逃过这一劫，无论对我还是我的家庭都是不幸中之万幸啊！

莎士比亚曾说过：“生还是死，这是一个问题。”的确，但凡有着一定生活阅历，尤其是经历过生死考验的人，想必都会对这句名言有更深切的体会吧。我的体会是，当一个人面临生死抉择的紧要关头时，往往会迸发出超常的勇气、力量和智慧。同理，对于一个处于生存困境的团队而言，只要心往一处想，劲往一处使，就能克服困难，扭转局面，甚至死里逃生，战胜敌人。当年我是个四十出头、体弱瘦小的女子，然而在强烈求生欲望的驱使下，却能在男同志的帮助下翻山越野，不畏严寒、不分昼夜地连续奔跑十多个小时而脱离险境，这在平时真是连想都不敢想的事啊。

再说说我们这支特殊的“小分队”，特别是任品昂和叶和声两位男同志，正是他们首先想到“出逃”主意的，在当时十分险恶的处境下，如果不采取这唯一自救的办法，后果则很难设想。而“出逃”却有一线生机可以主动争取，但也有很大风险。两相权衡，选择后者是上策。事实证明，没有他们明智的提议，就没有后来的正确行动。其间，“小分队”所有成员都立即投入行动，表现出不凡的勇气。在整个“出逃”过程中，几个人来自三个单位，即便我和任品昂、周立人虽同为教育厅干部，平时也并不熟识，但面临危难却表现了高度的团结一致和互帮互助。而队长叶和声的坚毅、机智和果敢的指挥，也增强了大家克服困难的信心。回顾这一特殊事件，我们始终没有屈从于学生们的非理智行为，而是坚守原则，耐心对待，有理有节，问心无愧。

就在我们出逃的那个晚上，家里还发生了一件怪事。当家人正在厨房里吃晚饭时，家里养的那只漂亮的大公鸡在一旁忽然挺身叫了起来，令人诧异不已：这公鸡怎么会在傍晚时分啼叫呢？今晚大概要发生什么事吧！果然，第二天老秦就登门到家通报说：“人已经跑出来了。”后来，孩子们和我说起这事时，都认为这是大公鸡对我们胜利大逃亡结局的一个预报。因为公鸡是一种有灵性的动物，不是有一句话叫“一唱雄鸡天下白”吗？它在我们家饲养多年，熟悉家庭里每一个成员，既然它能引吭高歌东方欲晓，为什么就不能预报一下女主人可以挣脱黎明前的黑暗呢？

我住过的四合院

张砚山

一

听说我原来住过的院子要拆迁，所以今年我们姐弟几个相约，在八月十五这天一起来到我们曾经住过的院子来过节。因为自从父母去世之后，弟弟在这住着，屋子又小装不下多少人，所以就一直没回来过，每年过年过节都去大姐家，她家三居室，客厅又大，所以她家成了我们相聚的场所。

到了原来住的四合院，已经是今非昔比，到处是违章建的房屋，破烂不堪，院里的人认识的已不多，大部分是租房者，也难怪，因为要拆了，这里已不收水电费了，看到这种情况，心中一阵感慨，又回忆起以前的时光，那是何等的一番景象。

我家是 1957 年搬到前英子胡同 11 号的（以前是 5 号，"文革"以后北京的胡同改为单双号）。前英子胡同位于西单北大街，是一条不起眼的胡同（但在知青大返城时，这条胡同名声大振，因为西城区知青安置办公室就在胡同的旁边，当然，这是后话），南面是西单，北面是西四，它恰好在西单、西四中间，所以这里一直都很繁华，周围商场、饭馆、电影院林立，交通也极为方便。11 号院旁边 13 号院是邮电部招待所，对面是邮电医院宿舍，三个大四合院把整个胡同衬托了起来。

11 号院是一个典型的四合院。以前的主人我无法考证（现在的产权归全国政协），但一看门口的两个大狮子就知道主人的身份，因为它代表了与皇家的关系，狮子越大就证明与皇家的关系越近。门框上有四根柱子，那就证明是四品以上官员的家，门洞很深，足有六尺，则是二品以上官员的象征。在当时，普通百姓家是不许有柱子和门洞的。武官家门口的石墩是圆的，像石鼓，文官家门口的石墩是长方的，由此可以推断，这里住的是一家二品以上的文官，而且还和皇家有着密切的关系，正所谓侯门深似海。

进了大门，眼前是一道白色的影壁，右边有两间房，估计是以前的门房。往左一拐，是一道绿色的月亮门，四扇屏门把整个院子遮掩起来。下了台阶，就是第一进院子。院子很大，一排南房，东房是厕所，西房是水房。一条青石铺路，一直把你带到二进院子，过了二门迎面是四扇绿色的屏门，让你看不到里面，更加显示了主人的神秘。左右两旁是两条走廊，一直把你带到三进院子，真有点曲径通幽的感觉。第三进院不大，五间北房，中间的一间是堂门，过了堂门进入第四进院子，让你眼前一亮，这才是原来主人住的地方。葡萄架占了半个院子，两棵果树立在北房前的两旁，把院子点缀得就像花园一样，看上去是那样的温馨。

当时，前院住三家，二院住三家，后二进院住一家，因为是全国政协宿舍，家长又同在一个单位,所以七家在一起其乐融融。最高兴的还是我们这些孩子，我们经常在一起玩耍，因为院子很大，我们根本不用到外面去玩，在院里搭块床板就能打乒乓球，院里铺的青石砖不用粉笔画格，就可以跳房子……小时候的童年是在那样的无忧无虑中度过了。

二

在我们搬来之前，前院里已经住着一位孤寡老人，她面目慈祥，和蔼可亲，她姓王叫王枚，我们都亲切地叫她王奶奶。

王奶奶喜欢孩子是出了名的，她经常把我们叫到她的屋子里给我们吃糖果，由于她行动不便，我们也经常给她打打水，因为院里只有一个水房，或者出去给她买点东西。她的屋里有许多书，但当时我们也看不懂，她就给我们买许多连环画让我们看。记得当时我们院里有四个男孩，她就把我们四个编成了

《西游记》里的唐僧师徒，给我们讲《西游记》的故事，给我们每个人都起了名字。由于我当时人比较老实，王奶奶就叫我沙和尚，她就是用这样的形式让我们了解《西游记》,所以也可以说,《西游记》是我接触的四大名著的第一本书。王奶奶从小就让我们多看书，多掌握知识，说长大了一定有用，所以说，她也是我的第一个启蒙老师。

她的身世我不知道，但从她的言谈话语来看，她不是出自普通人家。她有两个孩子，儿子在天津，一直在精神病院住着，有时病情好转也来北京看看他妈，但一犯起病来抓住他妈就打，别人拦都拦不住，我们都叫他王疯子。我们一叫他王疯子，他就追我们，开始我们很害怕，但他每次追上我们以后总是在我们和他之间用手划一道线，说这是三八线，以后谁也不许侵犯谁，说完就走，你说逗不逗，天底下还有这样的精神病。

王奶奶还有一个女儿在北京。那天她和她的丈夫还有她的女儿来看她妈，只见她的丈夫长得浓眉大眼，怎么看也像咱们的周总理。等他们走了以后，院里的人问她，她的姑爷是谁，她才说出来，原来就是周总理的弟弟，那个女孩子就是后来听总理的话扎根内蒙，嫁给了蒙古歌唱家拉苏荣的周秉建。说句实话，他们并不怎么来看他妈，有时一两个月才来一趟，也许他们的工作忙，也许王奶奶不愿意住他们那儿，那也应该经常来看看，所以说王奶奶的晚年是孤独的。现在我才知道王奶奶当时为什么那么喜欢孩子。

说到王奶奶的身世，后来我看了一本有关周总理家族的书，其中里面就提到了王枚，现在想写这段，又找不到这本书了。反正王枚和总理的家有关，不然总理的弟弟也不会做她的姑爷。

王奶奶身体一直不好，她总用手托着肚子，我们问她，她说她有胃下垂，托着肚子会好些。她一人很辛苦，那时没有液化气，全是烧炉子做饭，夏天还好说，一到了冬天，她就更难过了，虽然院里的人帮她，但人人都在上班，有时也帮不了她，她就这么度过晚年。终于有一天她住进了医院，而且一去就没有回来，她就这样无声无息地走了，我到现在还时常怀念她。

王奶奶走了以后，院里又搬来一家，是赵大爷和赵大妈，正因为他们的到来，又引来一位特殊人物。

三

王奶奶去世以后，她住的房子又搬来老两口，男的姓赵叫赵华堂，女的姓高叫高保珍，但后来我们都习惯地叫她赵大妈。赵大妈一双小脚，总是穿着灰色斜对襟的老式褂子，头上梳着一个纂，活脱脱一个北方老太太。她很能干，还很爱干净，老两口的日子在赵大妈的料理下过得井井有条。

他们有一个儿子在某部队医院当医生，还有一个侄女在新华社工作，平时他们休息时总是来看他们老两口，别的就没有什么人来了。有一天，突然有一个人来他家串门。这人有五十多岁，戴着眼镜，长得瘦瘦的，穿着一身中山装，一副干部的模样。而且他还和院里的人打招呼，我想他一定是政协机关的人，因为这是政协宿舍，他来到我家用手摸着我的头，笑着问我父亲，这是你家的几公子呀，等他走了以后，我问父亲这人是谁呀，父亲对我说，他就是溥仪呀，父亲看我还不明白就又说，他就是小宣统，也就是清朝的末代皇帝。那时候我还小，什么都不懂，但心里想，皇帝就这样呀。

后来我才知道，溥仪自从 1959 年特赦以后先在北京植物园工作了一段时间，后来到全国政协任文史专员。他先是住在机关大院里的一个小院里，里面住着三户人家：溥仪、赵大爷一家，还有专门负责照顾溥仪的政协的一位叫连以农的处长，赵大妈料理着溥仪的起居（当时溥仪离婚后还没有结婚），三家在一起关系很好。后来由于顺承郡王府（政协机关所在地）里面要改造，他们都搬了出来，溥仪搬到了西直门附近，赵大爷搬到了我们院，连处长搬到了西四北五条 27 号。巧合的是我结婚以后也住在西四北五条 27 号，这是后话。

这里还有一件巧合的事，我们前院里还住着一位聂大爷，我只知道他是新中国的第一批公交汽车司机。那天溥仪来我们院，聂大爷对溥仪说：溥先生，你还认识我吗？溥仪看了看，摇摇头。聂大爷说：我就是小聂呀！溥仪这才恍然大悟。原来 1924 年冯玉祥逼溥仪出故宫，正是聂大爷开车把他送到了某个王爷府。聂大爷当时给王爷开车。溥仪后来就是从王爷府里去的天津，然后逃到长春，当上了伪满洲国的皇帝。

以后溥仪经常来我们院里找赵大爷玩，渐渐地和院里的人也成了好朋友。

有时他还带着他的新婚妻子李淑娴来，他的弟弟溥杰和他的日本妻子浩子也来过。溥仪找赵大爷就是下围棋，因为溥仪爱下围棋，有时没事我就在旁边看他们下棋，从那以后我也学会了下围棋。

1967年溥仪由于受到“文化大革命”的迫害，再加上他的身体一直就不好，得了肾癌，最后转成了尿毒症。这一年他基本上是在医院里度过的，这可忙坏了赵大妈，她一直在医院里照料着溥仪。那年北京兴打鸡血，为了给他治病，他的妻子李淑娴上我们院里找大公鸡，给溥仪打鸡血。我记得我家养的公鸡，经李淑娴抱走后送回来时，已经站不起来了……就是这样，也没能挽救溥仪的生命，于当年病逝于人民医院。

以后每当我和家人提起这段事时，我的孩子总是说你怎么没和溥仪合张影或让他签个名，我对她说那时没有照相机。不过当时让溥仪给我签个字或写点什么，他应该不会拒绝，有了他的真迹，现在我也能当文物了，不提它了，世上后悔的事实在是太多了。后来和同事们说这件事，他们说你可以呀，让真龙天子摸过头，真是福气不浅呀，我到现在也不这么认为，因为当时我只把他当成一个普通人。

溥仪去世以后，赵大爷一家又过上了平常的生活，老两口幸福地安度晚年，直到80年代才相继去世。他们去世以后，赵大妈的侄女一家四口搬到这里来住，四口人家过得和和睦睦，没想到至90年代，一场大祸降临到他们头上。

四

赵大妈的侄女在新华社工作，经常出国，爱人在北京机械局当干部，姓石，我们都叫他老石，两个孩子一男一女，过着美满的生活。转眼到了90年代，男孩已经结婚，在外面单过，女孩上大学住校，妻子在国外，家里就老石一人在家，没想到灾难正不知不觉地降临到他的头上。

老石有个习惯，每天吃完晚饭爱一人出去遛弯儿。那天他照例吃完饭出去，走到半路可能忘了什么事，就又返回家来。到了家一看门没锁，一开门只见一个人在他的家里，他开始还问那人你怎么在我家里，突然他猛然醒悟，是小偷，马上高喊："抓小偷！"只见那小偷飞快地跑了出去，老石紧跟其后，边追边喊。但是他没想到，外面还有一个小偷的同伙，他只顾追前面的小偷没防备后面，后面的同伙拿出一个锤子照着老石的后脑就是一锤，老石应声倒下，但让小偷没想到的，老石的喊声惊动了邻居，也就是我家（当时我们都已经搬出去住，就我弟弟在那住）。几个人正在屋里玩牌，听到老石的喊声马上都冲了出去，正撞上小偷拿锤子击老石后脑的一幕，大家马上把小偷围了起来。小偷说，大家把我放了，过后我不会忘记你们。因为他手里拿着锤子，大家也不敢上前抓他，这时只见胡同里一位叫马 × × 的，从旁边的院里拿出一根顶门杠，照着小偷的腿上打去，小偷被打倒了，大家一拥而上将小偷抓起来，连同凶器锤子一同送到了派出所录了口供。另一些人马上把老石送到了医院，但老石因为锤子击在了要害，当天夜里就死在了医院。

第二天，不知谁给小偷透露的消息说老石死了，小偷马上翻供，说自己不光没打老石，还被一帮人打坏了腿。警察到胡同里把打小偷的顶门杠拿走了，说是证据，更可气的是小偷打老石的锤子却不翼而飞，一时间胡同里传什么的都有，说是谁要是出来做证谁家就要倒霉。老石的男孩挨家取证，这时有的家不敢出来做证了，因为知道小偷上面肯定有关系，谁也犯不着找这麻烦。关键时刻还是马 × × 第一个站出来，在取证上第一个签了字，之后更多的加入了签字的行列。这样一来，上面也不敢保小偷了，杀人的凶器这时又找到了，凶手终于被法办，正义终于战胜邪恶。

五

中院里住着冀伯伯一家，他有两个女儿和一个儿子，儿子叫冀步根，就因为这个名字，胡同里的伙伴给他起了一个不雅的外号，不知是不是这个原因，后来他改名为冀步军。不管怎么改，这个外号是叫出去了，但我一直叫他小根。

他比我大一岁，当时院里就我俩岁数相当，所以我俩就成了好朋友。小根的淘气那是出了名的，七八岁就敢上房，出去和人打架更是家常便饭，而且打架没轻没重，往往每次他把人打了，人家找上门来，他母亲总是向着自己的儿子，也就是人们常说的“护犊子”，所以小根在他母亲的娇生惯养下更加淘得厉害。

虽说他母亲从不打他，可也有例外。有一次我们在外面玩煽三角（也就是叠起来的香烟盒），小根输了，没有烟盒了，他就从家里偷了几块钱，到商店里买了几盒烟，把里面的烟全扔了（当时他还不敢吸烟），叠起三角继续玩。这件事后来被他母亲知道了，这回是真打了，而且打得还不轻，院里的人劝架，小根借机跑了出来，边跑还边骂：王金标是大叛徒（当时正演电影《洪湖赤卫队》，他母亲叫王金凤，他把王金标和王金凤当成一家了）。大家劝完架，他母亲还是不依不饶气不打一处来，说最可气的是小根把香烟扔了，因为她也吸烟，感情心疼烟才打小根的呀。

正因为小根太淘了，我母亲坚决不同意我和小根玩，怕我跟他学坏了。明着不行了，我俩就偷着一块玩，有时一块出去玩，就是在院里玩，一看我母亲快下班了，我俩就赶快分手。有一次我俩去北京音乐厅看电影，看完之后没走大街，我俩沿着首都电影院后边的安福胡同往西单走。这条胡同挺僻静，正走着，突然出来几个比我们大一点的孩子拦住我们要钱，小根上前拦住了他们，赶紧让我快跑。那次小根被打得鼻青脸肿，我很过意不去，他却不以为然说谁让咱们是朋友哪。这件事我一直记在心上。

大约在 1963 年，干部下放，冀伯伯被下放到了河北邯郸，他们一家子都要走了。政协出了辆车，我们院里的人一块把他们送到了北京站，我们目送火车徐徐地驶出了北京站，我心里默念着：再见了，小根！但我没想到，这一分别竟然快五十年了。

他们一家走之后，冀伯伯经常来北京出差，只要一出差，冀伯伯准上我们院来看我们，我也了解了小根的一些情况。1969 年我去东北以后，小根在秦皇岛当兵，我们就有了书信来往，而且从没间断过。但是不知什么原因，我回到北京后他可能也复员了，不知是他搬家了，还是后来北京的胡同改了单双号，联系突然中断了。后来听说他来北京上过我们院来找我，但院里不少新人不认识他，我家正好也没人，和他的联系彻底中断了。

我现在还十分想念小根。不知是日有所思、夜有所梦的缘故，当我想写四合院时我做了一个梦，我梦见了小根。他还是原来的样子，只是说一口的河北邯郸话，我俩拥抱一团，互相问这问那。突然老远我母亲走了过来，小根说，张大妈来了（一直叫我母亲张大妈），说完撒腿就跑，我急了高喊小根回来，小根回来……直到把我爱人喊醒时，我还想着刚才和小根相见的情景。

六

上次写到了我们院是四进的院子，前院和中院住着六户人家，后两道院子只住一家，那就是李明扬一家。

说起李明扬也许大家不知道，可要提起一部电影，我们这代人却很少有没看过的，那就是《东进序曲》。这部电影描写了抗日战争期间新四军为了北上抗日，团结国民党抗战派与国民党顽固派进行斗争，最后东进北上抗日的故事，而里面的国民党主战派周明哲的原型就是李明扬。

李明扬青年时就考入了新式陆军学堂，参加了孙中山先生领导的同盟会。在北伐期间先后担任过北伐军团长、师长、军长。抗日战争期间任国民党第五战区游击总指挥、第十战区副司令长官兼江苏淮南行署主任、国民党中央监察委员等职，参加过台儿庄大战。1949 年初，李明扬在徐州率部起义，解放后，他历任江苏省政协副主席、省农业厅厅长等职，来北京后任全国政协委员、人大代表、国防委员会委员，一直享受副部级待遇。

正因为李明扬和陈毅有过共同抗日的一段经历，所以两人的感情很深，他经常给我们讲他和陈毅的故事。最难忘的是 1951 年他在南京过六十岁生日，当时的上海市市长陈毅特地前往贺寿，还转达了政务院总理周恩来的祝贺。每讲到这里他都激动不已。

当然，老人也有苦恼的时候，说起他们这批国民党将领时，老人感慨地说："革命的不如不革命的，不革命的不如反革命的。"是啊，从 1959 年我国陆续特赦战犯以来，往往是战犯出镜率比他们还高，这也是中国的一大特色吧。

有一天，我们胡同里突然开来一辆小汽车，停在了我们院门口。那时的胡同不像现在这样车满为患，在当时，看见一辆小汽车对我们这帮孩子来说真是新鲜，纷纷上来围观。这时从车上下来几个人，匆匆地穿过我们住的院子，直接到了后院。我们当时也不知道是谁，直到李明扬送他出来时我们大家才看清楚了：来人是陈毅，他看他的老战友来了。

“文革”期间，李明扬也遭到了迫害（以后会提到），1972 年 1 月陈毅逝世，毛泽东穿着睡衣、拖鞋参加了他的追悼会，这是对陈毅最高的评价。作为他的老朋友李明扬也参加了追悼会，他回来说：毛泽东还和他握了手，可能是由于年代太长，毛泽东已不认识他了，他说，主席，我是李明扬呀，主席听了点点头，又和他握了手。第二天的报纸登出了陈毅逝世和追悼会的消息，列出了参加追悼会的人员名单，其中也有李明扬。在当时，只要谁名单一在报上公布，那就说明这人“解放”了，从此，我们院的信箱里李明扬的信就像雪片一样地飞来，其中有国内的也有海外的，可见李明扬当时的影响。

七

上次写到李明扬一家住我们院的后两进院子，其实李明扬一家就三口人，他和他的夫人赵德茹女士，还有就是他的老岳父赵启路（据说以前是蒋介石的一个参谋），外加一个保姆，一共四口人。我们搬来没几年赵启路就病逝了，只剩下他们老两口。李明扬他们是南方人，冬天在北京生活很不习惯（那时都生煤球炉子，他们的房子又多又大），所以他们基本上每到冬天都去南方过冬。有一年冬天他们去南方将近一年才回来，回来时还抱了一个小女孩回来，说是在上海生的，其实院里的人都知明白，就是在上海抱养了一个，名字取他们俩的名字各一个字，叫李明德，小名猫头。

院里的人都称李明扬李先生，称他的夫人李太太。李太太和我母亲是一年生的，都属羊，我母亲比她大半年，她们后来就以姐妹相称，所以我们两家的关系自然就走得近一点。

李先生老穿着他那大褂，李太太则是旗袍，老两口还是旧社会的打扮，但这两样旧社会的衣服穿在他们身上就显得那么自然。李先生很平易近人，每当他们出去从后院走到前院，只要看见人，总要先向人打招呼，有时看到我们小孩在院里下棋，没事的时候他也总要站下来看一会。虽然他已经是七十多岁的人了，但走起路来还是那样刚劲有力，这也可能是他陆军学堂的底子吧。

大约在1960年，李明扬家就有电视机了，是苏联产的电子管的，小匣子里能看到电影里才能看到的人物，这在当时可是新鲜，因为在当时家里能有收音机就不错了。这可乐坏了我们院里的这帮孩子，尽管当时就一个台，每天播的时间也不长，但只要有电影我们都会去他家看，李太太有时还会拿水果给我们吃，那时这真是一种享受。

以前的国庆节都在天安门举行盛大的游行，五一节则在各公园举行游园活动，我也不记得是哪一年，李先生给了我们院小孩一张游园的请柬，让我们去游园。望着那烫金的请柬我们都感到新鲜，由于请柬上没写着人数，我们院的小孩去了不少。到了北海门口，有两个门让游人进，一个是正门，两旁站有举着鲜花的欢迎队伍，还有一个是旁门，是普通游园人进的。我们几个拿着请柬要从普通的门进，检票的一看我们的请柬让我们从正门进，我们进去时两旁的小孩举着鲜花边跳边喊“欢迎欢迎，热烈欢迎”，给我们几个弄得都不好意思了。这时他们有人也看出问题了，我们几个孩子穿得破衣喇撒，索性有人就不跳了，也难怪，都是同样的年龄，凭什么他们跳着欢迎你。多年后，有一次我们又提到了这件事，说也就是那个年代，认票不认人……

李明扬里院五间北房是他们住的，西房是他们的会客屋，东房是他们的书房，他们的书不像现在都放在书柜里，而是放在一个个小木箱子里。我看到屋里摆满了木箱子，当然有的箱子里放的是字画，但大部分都是书。只是很可惜，书的大部分又都是线装书，我当时看不懂，但我在那还是看了不少书，可以说，王玫是我的启蒙老师，而在李明扬那里我得到了精神食粮。

时间过得很快，转眼七八年过去了，我们院里的孩子在这温暖的环境里逐渐长大，但就在这个时候，“文化大革命”开始了。一下子我们这个小院的气氛就紧张起来，各种人物的各种表现，使小院也成了当时社会上的一个缩影。

八

1966年，我们这代人永远挥之不去的记忆，这一年，我国史无前例的“无产阶级文化大革命”开始了。

那年我上小学六年级，刚开始批判《海瑞罢官》和《三家村》时，我还觉得挺新鲜。随着运动的不断深入，就在我们小学刚要毕业的时候，学校停课了。那时的我还不知道这场运动会持续十年之久，也不知道这场运动能深深地触及人的灵魂，更不知道这场运动能给国家和我们造成了多大灾难，导致了全国有几千万知青上山下乡。当时只是觉得好玩，不用上课了，所以那些天我们不是上街看大字报，就是抢传单。后来红卫兵开始抄家，我们又跟着看抄家，压根没想到这么早我们就永远地离开了学生时代（尽管以后再上学，那也是二十多年以后的事了）。

“文革”刚开始，我们院还和往常一样，大人们在一块谈论着机关的运动，孩子们在一起无忧无虑地玩，但随着形势的发展，有一个人开始向院里的人开炮了，而被炮打的这个人首当其冲就是李明扬。

他首先说李明扬两口子穿旗袍、大褂是四旧，雇保姆是剥削，每天不上班还照拿国家给的工资，是资产阶级剥削思想，院里人应该起来破四旧、立四新。他虽没明说，但大家知道，他想让大家一起造李明扬的反，但由于李明扬平时在院里的人缘好，没有人起来响应他的号召。他看一计不成，又不指名地说院里有人忘了自己是什么阶级，和李明扬一家打得火热，矛头明显直指我们家，因为平时我们家和李明扬一家走得比较近。我听了，当时就要出去和他评理，我母亲胆小，把我给拦住了，说他又没指名道姓，还是别正面冲突，先忍了吧，这段时间还是少和李明扬家来往吧。后来想起来没出去也对，如果出去了，后果也可能不堪设想。

李明扬一家也察觉到了一些风声，首先保姆不敢雇了，那时他们的女儿毛头还小，李太太每天自己拿个菜篮出去买菜，回来还要自己做。旗袍、大褂也不敢穿了，由于原来看惯了他们穿旗袍、大褂，现在再看他们穿的，倒显得不自然了。从那以后李明扬出来少了，李太太出来买菜也是尽量不和人打招呼，速去速回。院里平时的那种热闹、祥和的气氛没有了，家家好像都有戒备，那个时期谁也不敢多和李明扬一家说话了，同样，他们也不和院里的人来往了。

如果说李明扬一家就这样地生活下去，那还是他们的幸运，紧接着机关平时派给他们的汽车不给派了（由于院里没车库，平时李明扬一家要出去，一个电话，国务院事务管理局就给派车），提供给内部阅读的“大参考”也给停了。我认为院里对他们的态度，他们可能还能忍受，不派车、不提供内部阅读的报纸对他们的政治打击是很大的。这还不算完，政协机关房管处又让他们把第三进院子给腾出来，并且马上就搬来了两家，没过多少天，又让他们把四进院的东房和西房腾出来，只给他们几间北房住。由于他们家东西多，那些天李太太天天卖东西，很快又搬来一家。这时院里已不是原来的模样，成了名副其实的大杂院了。

真不知道李明扬一家当时是怎么过的，心里是怎样想的。

直到 1971 年陈毅逝世，李明扬参加了他的追悼会，名字上了报纸，李明扬才又有了重返政治舞台的机会。

九

李明扬一复出，首先是“大参考”恢复了，我又能看到报纸了。那时候的“参考”不像现在的“参考”在报亭都能买到，那是必须够一定级别才给的，而且李明扬的报纸是跟日报的版面一样大，这是为了照顾他们老年人看报方便。那时，只要我在北京，每到上午 9 点多钟左右报纸一来，我都先睹为快。

其次是汽车也恢复了，只要李明扬一个电话，国务院事务管理局的车马上就到，因为他们机关离我们很近，就在西安门附近。这时的李明扬又像以前一样出来了，只不过他不穿大褂了，但是明显地我们觉得他们不像以前那样见人爱打招呼了，见到人只是稍微一点头，就匆匆而过。

他们的女儿毛头这时候也长成大姑娘了。李太太特地为她买了一架钢琴，还请了老师来教她，通过学习，毛头已经能弹不少曲子，李太太就托人带她去音乐学院考试。人家一听可能就听出来了，客气地说，能不能让孩子考考声乐，李太太一听，拉着毛头就走，边走还边说，我们孩子不是卖唱的。李太太如果活到现在，一定会非常地后悔，她哪能想到现在的歌星是这么吃香，如果当时毛头考上了音乐学院，现在的风光是可想而知的。

因为毛头喜欢音乐，她也就认识了一些搞音乐的朋友，再加上她的特殊身份，很快就结识了一些高干子女。其中有一个女孩老上我们院里来找毛头，她叫陈咪咪，她的父亲就是话剧、电影《万水千山》、《柯山红日》的编剧陈其通，是一名少将，他给他的几个孩子起名很特别，是以音符“1、2、3、4、5”起的，那陈咪咪一定是老三了。后来陈其通也来我们院看望李明扬，你说怪不怪，通过孩子，李明扬又结识了许多上层的人物。

虽然李明扬别的问题都解决了，但是房子却成了大问题，让人家搬走是不可能了，也可能是李明扬不让，可他的房子实在是太小了，机关带他看了几处房子，不是他没看上，就是人家不搬。最后听说他们一家搬到了红霞公寓，那时我正在东北没赶上送行。

当然李明扬一生也有苦恼的地方。他的一个儿子在南京，是前妻生的，有一次来我们院，李太太就是不给他开门。他们搬走以后，有一天法院来人调查是否有这回事，我们才知他的儿子把李太太告上了法庭，至于后来法院如何判决就不知道了，可见名人也有家务事呀。

后来我从报纸上看到李明扬于 1978 年 11 月 17 日在北京逝世的消息，粟裕亲自主持追悼会并致了悼词，终归是老战友一场啊。估计到现在李太太也可能不在人世了，毛头李明德现在也就五十岁左右，听弟弟讲毛头去年还来过我们院，她也是听说要拆这四合院来看看她的旧居，只是她来时，院里的熟人正好都不在。

讲完了我们院的大人物李明扬，下面该讲讲我们院里的几个小人物了，要知都是什么小人物，请看下回吧。

十

前几回写到我们院前院住三家，中院住三家，后两进院住李明扬一家。前院的三家是固定不变的，中院有两家也是长住，但中院东边的一家似乎永远也住不长，没几年就要换一主人翁，我住的这些年就换了三家。下面我就讲讲这三家的故事。

一般来说，我对我们院的老人，除了对李明扬一家叫李先生、李太太外，比我父母大的我叫大爷、大妈，比父母小的我叫伯伯（我们院都是天津叫法）、阿姨，但也有例外，我对中院东边的一家什么也不叫，为什么？就因为他是“右派”。

他叫王 ××，戴着一副眼镜，穿着中山装，一看就像有学问的样子。刚搬到院里时，他只和院里机关认识的人打个招呼，以后见面就只点头不说话了。我问父亲他是谁，父亲才告诉我他是“右派”，那时我还小，不知“右派”是怎么回事，“文革”以后才知道有所谓的“地、富、反、坏、右”，“右派”属于“黑五类”。他一人带着三个孩子，老伴不知什么时候去世的。三个孩子学习都特好，可能是遗传了王 ×× 的基因吧。最小的一个比我大一岁，但是我从没和他说过话，并不是我不和他说话，是他出来或者进院从来不理我，即使有时一块儿上厕所，并排蹲着，他好像旁边也没人似的。我有几次老想找茬和他说话，但他每次都借故避开了。在我看来，他好像就是个哑巴。

终于有一次我听到他说话了，但不是对我，是对他的父亲。那次我上厕所，忽然听到了中院里有哭声，虽然我听得不完全，但我知道这是孩子埋怨他父亲的声音。可能是他在学校里出于他父亲的原因受欺负了，不敢和同学讲理，回来只能向他父亲倾诉，问为什么他是“右派”。王 ×× 沉默了，半天才说，不要和同学争论，要好好学习。是啊，在那个年代，他能解释什么，也不可能解释出什么，可想而知他的内心当时是多么痛苦。后来他们一家搬走了，我想，“文革”以后王 ×× 一定能够平反，那个孩子肯定已经原谅了他的父亲，我也一直后悔没能和那个孩子说句话。

他们一家搬走以后，又搬来一家。这家也姓王，我叫王伯伯、王阿姨。王伯伯在北京灯泡厂工作，王阿姨的工作是给郭沫若当管家。他们有两个女孩，大的已经结婚在外，那个小女孩名字我已经忘记了，她比我还小，就叫小 Y 吧。

王伯伯特别爱下军棋，没事就把我叫到他的屋里和他下几盘。王阿姨给郭沫若当管家，那真是守口如瓶，郭沫若家的事儿一点也不说。大家都知道，郭沫若一生结了几次婚，传说总理后来参加他的婚礼，幽默地对郭沫若说希望这是最后一次参加你的婚礼。院里的人问她是否有这回事，王阿姨笑而不答。他们两人的性格都比较好，见到院里的人都要先打招呼，但是有一样，王阿姨对小Y是非常地严厉，就连我在他们家和王伯伯下棋时也不例外，经常听到王阿姨对小Y的训斥声。小Z每天买菜、做饭，家务一人全包了。大女儿星期天来，他们热情接待，等她们一家走了以后，也总是传来对小Y当天表现的不满声。开始，她对小Y的责骂院里的人还劝劝，时间一长也就没人管了，但私底下都在怀疑这孩子是不是她亲生的（这无法考证）。只有王阿姨不在家的时候，我们才能偶尔听到小Y的笑声和歌声。

想想王 ×× 和王阿姨对待孩子的方法，用范伟现在的一句话，同样都姓王，这差距咋就这么大呢。

十一

时间过得真快，转眼到了1978年。王伯伯一家搬走以后，他们的屋子又搬来一家。这是一对年轻夫妇，男的穿一身国防绿，一看就是个退伍兵，女的一身农村打扮，说话还有外地口音。甭说，这小两口准是外地的。他们是怎么到我们院里来的？这可是政协宿舍呀！因为都是年轻人，总会有共同语言，没几天我们就混熟了，我才知道他们为什么能住我们院，他以前是干什么的。

我还是叫他小Z吧。他还真是复员大兵，实际比我还小，但已经结婚了，他也是当年刚结的婚，婚后带着新婚妻子上北京旅游来了。他老家在农村，家里很穷，前几年当了兵，分到了北京卫戍区，工作是给中央首长当警卫。凑巧的是，他们班负责姚文元家的警卫。后来他和我回忆说，给姚文元警卫，当时他别提有多高兴了，心想一定要好好干，争取入党提干，留在部队，脱离自己的穷山村。所以他在部队一直要求进步，积极靠拢党组织。没想到，就在即将发展他入党时，1976年10月6日，一举粉碎"四人帮"，从此，他的命运也起了变化。

据他说，姚文元平时对他们警卫班挺好，一到过年过节还给他们送水果和糕点，有时姚文元在家看小电影，也让他们来一起看。1976 年 10 月 6 日那天晚上，中央通知姚文元去中南海怀仁堂开会，姚文元前脚刚走，他们就接到了卫戍区的一个电话，说一会儿中央警卫团（也就是八三四一部队）派人来接管，要服从命令。后来他说，如果没有这个电话，他们一定会抵抗的，因为他们是归北京卫戍区管的，不归中央警卫团。一会儿的工夫，一辆军车就开到了西城区按院胡同，从车上下来一些军人，先把枪给缴了，把他们关到一间小屋里。在拿走了姚文元的所有文件之后，又把枪还给了他们，让他们继续担任警卫任务。姚文元从此也就再没有回来过。

没过多久，上级就让他们班集体复员了。据小 Z 讲，当时他的脑子是一片空白，一切远大理想都成为了泡影。

有时，我在想，古代一个人犯了罪会株连全家，乃至灭九族，但历史已经到了 20 世纪 70 年代，我仍体会到“城门失火，殃及池鱼”是怎么回事。姚文元是罪有应得，但他的警卫有什么错？如果他没给姚文元当警卫，现在的结果可能就大不一样了。

后来我问小 Z，现在想通了吗？他说回到家以后，开始还真想不通，现在早想开了，这不，借着和妻子结婚，带她到北京来玩了。我问他，你怎么住到了我们院？他说，他们警卫连的连部原来就在政协机关里头，这次他们到北京来玩，也可能是他们领导也觉得让他们提前复员有点对不住他们，正好我们院有间空房，和政协房管处一说就借给他们住了。

小 Z 是个爱说话的人，向我讲了许多当时我不知道的事情。原来他们警卫连还担负着许多老干部的警卫，这其中就有叶剑英、徐向前、宋庆龄等的警卫工作。他们的许多佚事，由于不是这篇文章的内容，就不在这里说了。

现在过了三十多年了，小 Z 也已经五十多岁了。当时是 1978 年，正是我们国家刚改革开放的时期，我想他一定不会放过任何机会，自己的命运自己掌握，他一定干出了他想干的事。在这里，我祝他一切顺利。

十二

四合院的故事也写得差不多了，虽然还有许多故事，但不能在这里说了，现在是法制社会，我不能招来不必要的麻烦。不能说别人，那就说说自己家吧。

我们家前院有棵石榴树，每到夏天时枝繁叶茂，能把小半个院子遮盖起来。到了秋天，密密麻麻的石榴长在上边，远远望去，就像一顶皇冠上镶嵌着多颗宝石，看着就那么喜人、诱人。每当收获的季节，可忙坏了弟弟，又是架梯子，又是上树、上房……这棵石榴树品种好，每次能结几十来斤，而且不像外边卖的石榴看起来又红又大，吃起来很酸。这棵石榴树结的石榴外表看不怎么红，有的个儿也不算大，但是不论个大个小，里面个个果实饱满，吃起来是那样的香甜。

喝水不忘挖井人，这棵石榴树是我母亲三十多年前由外面一棵小树苗移栽过来的，不知不觉长成了大树，这和我母亲多年的施肥、剪枝、培育是分不开的。同样她教育我们姐弟几个也像培育石榴树一样，十年育树，百年育人，如今我们已经长大成人，并且都有了自己的子女，可她却离我们远去。每当吃起石榴，我就想起了母亲的恩情。

我们兄弟姐妹一共五人，大哥一直在天津，北京就我们姐弟四人，平时我的两个姐姐总是照顾我们两个最小的弟弟，父母上班，家务活她们俩全包了，我度过了一个幸福的童年。但童年的美好时光很快过去，1966 年“文化大革命”开始，紧接着上山下乡的浪潮席卷全国，大姐结婚在外面过，二姐去了云南兵团，我去了东北兵团，弟弟在北京郊区插队，平时挺好的一家人，转眼间就剩下了老两口。由于我们姐弟三人在外，父母一下子就老了许多，从此他们也就为我们的返城四处奔波。我怎么返城的就不说了，我就说说我二姐的返城经历吧。

说实话，在当时我二姐在我们家是最革命的了，在学校也是属于极左的那一类。“文化大革命”一开始，她就积极参加红卫兵，整天不着家，在外面闹“革命”，有一阵子我还看到她戴着红卫兵“西城纠察队”的红箍——当时在北京东城、西城，红卫兵纠察队是没人敢惹的。就是这样，她也还是顾家的，我记得有一次她在北京站服务时，她的午饭是红烧带鱼，没舍得吃，她愣是步行了十几里路，拿回让我们吃。1968年底，她们学校有上云南兵团的，她又是第一批报的名，当时我母亲非常不愿意她去，说云南太远又太苦，又是女孩子，去个近点儿的像山西、内蒙、东北都行，但二姐是下定了决心非去不可，母亲也没了办法。终于在年底，二姐坐上了去云南的列车。

以后在信里，二姐一直说她在那儿挺好，让家里放心。她第一次探亲回来时，正好我也在北京，我听她讲了她在云南的情况。原来，她们从北京坐车要三天三夜才到昆明，再从昆明坐两天的汽车，才到她们的目的地思矛镇。工作是种橡胶，气候炎热，虽说吃的没有东北的大馇子，但当地的米非常不好吃，没有面食，试想一年四季都吃这种大米会是什么滋味。最要命的是，她们那儿没有油，一人一个月才一两油，这样的饭吃起来可想而知。所以从那以后，只要二姐探亲回来，临走的时候就是什么都不带，也要给她带上几瓶大油，当然这也是家里一点一点攒的。

条件就是这样艰苦，二姐在那儿还是不忘学习。每个月她请父亲寄一本《红旗》杂志，当然如果我在北京的时候，这个任务就交给我了。二姐爱吃巧克力，记得我回北京工作后第一次领工资，就上西单商场给她买齐了西单商场所有品种的巧克力，给她邮寄了去。这花掉了我大半个月的工资，但我一点也不后悔，二姐从北京站徒步十几里路回家给我们送红烧带鱼的情景，我永远也忘不了。

是什么原因，让她突然想返京呢？原来，二姐在那儿的口碑也一直很好，有一年她们那有一个保送大学的名额，这个名额不用争也是我二姐的了，而且她们连里也是这么往上报的，上级也批准了，连里也私下和我二姐说了，让她做一下上大学的准备。没想到公布名单时，不是她而是别人，二姐一下子有种被人欺骗的感觉，明明那人平时样样都不如她，但人家却上了大学，她接受不了，也无济于事，而这次打击对二姐来说是巨大的，这时候什么理想，什么扎根边疆，通通抛到了九霄云外，从此她就有了返京的念头。

那时候我已回京，所以我二姐回京成了我们家的一件头等大事。

十三

由于我先期回到了北京，二姐想办“困退”显然是不成了。这时我二姐想到了她的一个中学同学，叫李 ××，她男朋友是冯 ××。冯 ×× 在西城区知青安置办公室工作，这可是决定知青命运的部门。我二姐找到了李 ××，想请她帮忙找冯 ×× 看有什么办法能退回北京。但找了她几次，不是打官腔，就是说事情不太好办，碰了几回软钉子，我二姐再也不去找她了。

由于大姐结婚在外，户口在东城，有人出了主意，让我母亲把她一人的户口从西城转到了东城，然后我大姐以母亲有病，她自己刚生小孩照顾不过来为由，申请“困退”让我二姐回京。

当时，有一个姓刘的经常来我们胡同玩，他手里老拿着一把折扇，留着小胡子，戴着一副眼镜，活像电影《羊城暗哨》里的小神仙。不过他还真会算命，而且给大家算得都很准，我们都尊称他为刘先生。我把他请到了家里，让他算算我二姐能不能回京。只见他在院子里转了转，让我写一个字，我想，既然是回京，我就在纸上写了“京”字。他看了看说，这个“京”字分三部分组成，上面是一点一横，中间是个口字，下面是个小字，你二姐要回京你们家就多了一口人，但是口字在中间，上有一点一横横着，下有小字，就是遇到了小人，还真不好办。我问他有什么办法能解，他说，上面的一点一横就是建筑物，说白了就是你们院的二门道，你看你们家的大门正对着第二道院的大门，现改门是来不及了，必须在晚上 12 点由我二姐本人拿着斧子砍二门三斧子，才能把这一点一横给破了。至于下面的小人一定要提防，此路不通可另走捷径，我想你二姐是一定能回来的。不愧是刘先生，我母亲转户口的事谁也不知道，可刘先生却猜到了。刘先生神人也。

等我二姐回京后，我把刘先生的意思说了，二姐听了没二话，当时就找了把斧子，等着晚上 12 点的到来。现在想起来我还觉得好笑，二姐原来是那么唯物的一个人，现在也唯心起来了。到了晚上 12 点，二姐拿着斧子朝着二门就是三斧子，马上跑回屋来。沉重的砸门声惊动了院里所有的人，大家纷纷跑出来看，以为发生了什么不测，当然他们不会想到这其中的原因，只有我们几个在屋里笑个不停，但愿刘先生的话能应验。

不知是转户口起了作用还是三斧子的缘故，不久二姐的“困退”还真批下来了。二姐忙着回云南办手续，这时不知李 ×× 怎么知道了我二姐办成的消息，她马上跑到我家来说，冯 ×× 出了多少多少力，才使我二姐户口回了京。我当时听了，真想对她说我二姐不是在西城办的，而是在东城。可又一想，眼前这位不正是刘先生说的小人吗，便没再言语。不知后来李 ×× 知道我二姐是从东城办的以后，心里会是什么滋味。

“摘石榴了！”不知谁喊了一声，把我从回忆中惊醒。大家一起摘过石榴，然后边吃饭边回忆远去的童年。二姐还特意去看了她那三斧子，已经过去三十多年了，三斧子的痕迹依然还在，二姐在那儿照了张相，留作永久的纪念。

那天大家聊到很晚，到了该走的时候了，大家仍依依不舍。四合院，留给了我们太多的回忆。再见了，前英子胡同 11 号。再见了，我住过的四合院。

记 忆

张幺姐

陈仁德

今年春节回乡度岁，听说张幺姐已在两月前去世了，我虽然早就知道她病情严重，但忽然听说她去世了，仍不禁悲从中来。

张幺姐的本名我至今都不知道，惭愧。她之所以成为我的姐，是因为她年少时无父无母孤苦伶仃流落街头，我们家收养了她，我爷爷还特地给她取名“巧云”。她很勤劳，不肯闲着，就承担了我们的一些家务，买菜洗衣之类的。那是民国年间的事，后来习惯把那段时间称为“万恶的旧社会”，事实上那可能是张幺姐一生最快乐的时光。1950 年，我父母为他物色了一个对象，送她出嫁。我们那位姐夫叫刘永新（或刘远新），我们叫他刘大哥，巴营乡人，身强力壮魁梧英俊，为人很不错。那以后，张幺姐一直把我家当成了娘家，每年我妈妈过生日，哪怕风吹雨打，她都要从六十里外的山区徒步赶来拜寿，说：“不要忘记了是哪个把我养大的。”她的孩子也就叫我七舅，虽然和我年龄很接近。

张幺姐的样子不好看，眼睛小且无光彩，脸色黑而多皱纹，但是忠厚朴实的笑容却永远挂在脸上，使人想象不出她发怒的样子。三十多年里，她不知到我家来过多少次了，除了白发和皱纹的渐渐增多，她的装束几乎没有什么变化：头上包着厚厚的布帕子，身上是斜扣的中式布衣，背着一个小圆背篼，里面放着沾满泥土的红苕或黄澄澄的豆子之类的东西。

记不清楚是哪一年了，大约是“四清”那年吧，我还在上小学，那段时间父母的情绪不大好，下班回家总是忧心忡忡，好像遇到了什么不愉快的事情。

我们姐弟五人年龄都还小，不知道这个世界发生了什么。一天，张幺姐忽然来了，老实说，那时我和她并没有多少感情，因为我还不懂事，只是觉得她来了准能把灶房的火烧好。那年月我家还是以木柴做燃料，烧起火来满灶房都是烟。果然，煮晚饭时，我正为烧不旺火发愁，她坐到我身边用火钳把灶窝一掏，火便旺了。她边掏火边对我说："七舅（她习惯跟着孩子这样称呼我），人要忠心，火要空心，中间掏空了就肯燃。""人要忠心，火要空心"八个字，从此就牢牢地印在我心中，此后二十多年，常以此自省，未尝一日忘之。

那天晚上，我们照例做完家庭作业便睡了，张幺姐却睡得很晚，她与我父母谈了很久很久。谈话的内容我们不知道，只是感觉到，自从张幺姐那次来后，父母的情绪就渐渐有了好转。很久以后我们才知道了那段时间发生的事情，原来，"工作组"一定要父母交代解放前"残酷剥削压迫"张幺姐的事情，不然就不让过关。"工作组"派出最有斗争经验的人去张幺姐家搞材料，鼓励张幺姐站出来控诉我父母的"罪行"。那时正是"忆苦"专家大量涌现的时候，张幺姐这样一个道地的"贫下中农"只要往台上一站，喊几句口号，装模作样地干哭一场，是不愁出不了名的。但是，张幺姐没有这样做，她对"工作组"说："人要忠心，火要空心。我是他们养大的，不能黑了心去冤枉好人。那几年他们待我多好啊，哪里让我饿过冷过，吃饭都是同坐一桌，一年几套衣服，还给我办陪奁。""工作组"要她在预先写好的一份材料上按手印，她一字不识，就叫上小学的大儿子念给她听，大儿子叫刘太福，乳名"孑"，"孑"认得一些字，结结巴巴地读了出来，张幺姐听出了材料的大意，便无论如何也不肯按手印。工作组对她百般启发，均不奏效，快快而去。张幺姐当天即疾走六十里山路来到我家"通风报信"，使父母悬着的心放下了。当时她只要不讲天良，乱说一句话，就可以决定我家的祸福，那次可怕的运动，我县仅在一月内就逼死了九十七人，经历过那种红色岁月的人，一定相信这不是夸张。

我母亲在"大跃进"时不幸积劳成疾，以致卧病三年，当母亲从重庆歌乐山结核病医院走出来时，已经失去了七根肋骨，脊柱倾斜了。然而，她弯曲的脊梁上，依然承担着家庭的重负，工作的压力，以及社会上一些不应有的歧视。当时母亲才三十多岁，医生断定她活不了多久，需要很好地加强营养。可是营养谈何容易，三年饥荒百业凋敝，一月的工资还买不到一只母鸡。母亲只能挺起弯曲的脊梁，逆来顺受勉强度日。这时父亲经常被派到乡下去工作，很久都不让回家。有时匆匆回家看看，还会挨批评。一次，父亲因公外出，冒着风雨在三汇乡的山道上奔走，不小心在泥泞的陡坡上摔倒，滚进冰凉的水田里，致大腿骨折，由于山区人迹罕至，父亲孤独无助，竟在水田里泡了很久，致使伤情加重。那时我家的日子真难过呀，至今想起，犹令人鼻酸。张幺姐知道了父母的病况，每每独自垂泪，那时农村连草根树皮都吃上了，她拖着几个孩子，生活相当艰难，但她却把鸡蛋留给了我父母。鸡蛋在当时是令多少人垂涎的奢侈品啊。她养了两只母鸡，生的蛋一个不吃，全部存放着，连小女儿要吃一个也不给。夏天气温高，鸡蛋容易变质，她就把鸡蛋放在屋后石崖下一块清凉湿润的石板上，再用一口大瓦缸扣上，过几天检查一次，就用这样的办法把鸡蛋保护好，然后送进城来，这是何等感人！而且，在“与人斗争其乐无穷”的时代，有一个“贫下中农”出入于我家，其意义恐怕比鸡蛋本身还要重要。

张幺姐“翻身做主”后到底过上了几天好日子呢？这真是个令人痛心的问题，我只知道，二十多年里，她家的粮仓大部分时间是空着的。由于生计维艰，她最疼爱的小女儿还未成年便跑到湖北嫁人了，据说那里能吃上白米饭，这真是揪走了她心头的肉（我们是事后才知道的，她没告诉我们，怕我们阻拦）。刘大哥是50年代“最可爱的人”——从上甘岭生还的志愿军战士，为了给三个儿子修房子，被迫半夜去山崖上砍树，黑暗中失足摔下山谷痛得半死，既不能动，又不敢叫，在山谷里冻了一晚上，天亮后才被家人找到。房子终于修好，老两口的骨髓也快榨干了。生活的重负与折磨终于使张幺姐病倒，吃了些民间单方也没有用。有人说张幺姐的病要用苦楝子树皮做药，那次刘大哥进城，就带了一把锋利的柴刀，回家时就沿路去山坡上找苦楝子树，六十里山路，总能找到苦楝子树吧。我弟弟说，电影里面那些爱情哪有刘大哥这么感人，为了给张幺姐治病，手持一把柴刀走六十里山路去找苦楝子树。但是，张幺姐的病还是没有好转，到后来就完全不能走动了。白天家人上坡干活，她就独自躺在床上，有时很艰难的一寸一寸地挪到门槛边上，向着远方遥望。她在望什么呢？在想什么呢？是否在遥望着娘家，回想她的少女时代？临终之夜，她出奇地平静，她的临终遗言也出奇地平淡，她对刘大哥说："那只花母鸡害瘟症了，要给它喂药。"然后，安然入睡。半夜里刘大哥醒来，发现张幺姐不知什么时候已经僵硬了，她就这样走完了自己的一生。

啊，张幺姐，你就这样去了，可你留下的话"人要忠心，火要空心"和你忠厚朴实的笑容却永远印在我们心里，在我写这篇文章时，又看见你向我迎面走来，你头上包着厚厚的布帕子，身上是斜扣的中式布衣，背着一个小圆背篼——张幺姐，这是你吗？你的亡灵还在记挂着我们吗？啊，张幺姐，你就在大地的怀抱里安息吧，你与大地同在。

记 忆

四季

郑必珍

从我记事起，就知道我们那方圆几百里的习俗大同小异，比如每几十里百把里，就有敬神的地方，大一点的就叫“寺”，什么茶园寺、观音寺，寺里就有十几个用木头雕刻成的各种各样的神仙，并且有三五个尼姑或和尚看管。稍小一点的就是“观”,什么沙道观、云台观,神仙佛像就少一点小一点,这样的观,只有一两个道人守护着。再小点的就是“庙子”,什么拖柴土地庙子、桂花庙子、观音庙子，这种敬神的地方虽小，一般也有一个看门人。

我家就在桂花庙子旁。庙子的看门人喜欢养花种树，门前房边有几棵桂花树而得名桂花庙子。桂花树有红色、黄色，两种花相向，好看，又香，真是香十里。我们常常摘了花枝拿回家，用爹的空酒瓶子插起来，香它个十天半月。

这个庙子建在土岗半中腰，地势好，屋前面是一片落差不大的梯田，大的几亩，小的才几分，按地势的规律从大到小，或从小到大，蛮有规律。冬去春来，人们在这些地里耕种，满田都是套种的苕子与荞麦。苕子是椭圆的小对叶，只在它的枝头开一朵小红花，花的边头有一丁点儿白边，像小姑娘一样那么文雅爱美。而荞麦呢，则枝秆比苕子要高出一倍，并且它的秆呈淡黄色，分枝多而纤细，叶子也是小小的，成菱形，满枝周围都是惨淡的小红花。这两种植物互相错落，一高一低，一种是头顶一朵花儿，一种是满枝都是花，真像兄妹俩，天意相配。苕子是纯粹的绿肥，而荞麦是一种杂粮，一举两得，荞麦种子收获后，秆子也是撒在田里做肥料。我们这些农家小女孩有时把苕子花扎成一大朵一大朵，在头上也插一朵，再就又把小花用线串起来，挂在脖子上，自我感觉很美，在田间地埂上跑来跳去，开心极了。

每当大人在谷场里用竹镰盖打下荞麦后，就要把荞麦秆子搬到水田撒。撒荞麦秆子的简单农活就是我们老幼的事情了，尤其我们这些小孩最喜欢捞这活儿干，因为撒荞麦秆子可以疯打、戏闹，撒在放牛仔头上或抖在腊妹子身上，赶来跑去，麦秆也就踩进了泥里了，我们也玩了。要说这是干农活的话，倒不如说是我们这些伢仔们偷着乐的时候。蛮子季节过后，这些绿肥就在水田腐烂了，这时节，田沟地角就逐步有了青蛙、泥鳅。青蛙夜间呱呱地叫个不停，可旱田的“豌豆巴角”也喊起来了，它喊你叫，此起彼落，一部春天的音乐套曲，一部交响乐章，它告诉人们，季节变了。听大人们讲，叫喊的青蛙是公的，它在找母青蛙玩，其实是青蛙求爱的一种方式，小伢子们一律不准捉会叫的，因为它是男的。我们小孩不懂大人们满脑了的重男轻女观念。后来一想，对待这样低级的动物都男尊女卑，更何况是人呢！

清明谷雨时节，天气常常不正常，有时下着毛毛细雨，时而又出太阳，云满天飞。树枝就发嫩芽了，有的还长出嫩嫩的小叶片子呢！特别是早春的椿天树，像是给春天报信似的，叶子尖尖绿绿的，可以腌了吃，也可以炒了吃，可以是菜，可以是药。还有杨柳花在空中飘飘洒洒，像一群群小白蝴蝶飞来飞去，直到风静天黑，它们才纷纷着陆于田里地边，田埂小路上。

桂花庙子的坎下边就是一条大路，是松滋和宜都两县的交通要道。常有独轮木架子车嘎吱嘎吱来来往往，这是普通人的物资交流吧！我们小孩总是跟在这些汗流浃背的人们后面“送”他们一程。有的男伢子还学他们，双手放在胯两边做出握住车手把的样子，步伐是那样的稳健，很像推车的样子。也有坐着滑竿来去的老爷们，这可能是官老爷们出行办事吧，这时小孩总是躲在大人后面或者在坎子下蹲着，小心翼翼，而大点的女子都好奇地看着。还有牵扯着小孩提着小篮的老人或妇女过往，这大概是走亲访友的人们吧！这时孩子有的就吵：妈，我们几时去看外婆和舅父呀！总是投给这些走亲访友的羡慕的眼神。

大路那边就是稻田，稻田那边有一条小河，我们叫它老巴潭。春季河水满满的，

作者的姐姐和弟弟在桥上（2000 年）。

有时河水还漫过这些稻地，水田的秧苗被冲得一塌糊涂，当然有时也给我们这些小孩带来乐趣。什么乐趣呢？水一跌，我就跟昌英姐、泽梅姐去捉鱼摸虾，搬螃蟹，也很主动地请战：妈，我去寻猪草去；爹，我去放牛。其实这是我们小孩常跟大人玩的伎俩，把牛往河边一赶，让它们自己去寻青草吃，我们这帮农家孩子就是捞鱼摸虾去了，个把时辰，我们就提着竹篮子，竹篮子里是横趴竖揪的螃蟹、小鱼小虾，还有泥鳅，回家。爹妈一看孩子捞回了中午的“荤菜”，哪怕竹篮没有猪草，也就没有什么可说的了，大概他们想，孩子早晨也只能做成一件事吧。多么善解自己孩子们的父母啊！唉，可怜天下父母心。我们这帮姐妹吃过饭再聚在一起互相传递信息，你妈嚷你了没有？那你爹打你没有？结果都说：没有。于是，迎来的又是一片忘情欢乐声。无忧无虑，跑啊！喊啊！手舞足蹈，好不高兴。

过了河那边，是一缕延伸很长的不高的山脉，山虽不高，可满山遍野都是树，各种各样的树都有。当然以针叶松树和梨柯子树最为普遍。不过，我们小孩最爱的都是板栗树、柿子树、洋布赖子树、猴枣子树、八月楂树，因为这些树可供应给我们果子吃，一年上头每个季节都有吃的，真是天意。比如吧，春

这片土地上的亲人们（2000 年）。

天有鲜红鲜红一爪一爪的樱桃吃，酸甜酸甜。还有洋布赖子，这是一种带刺的小树，树枝上一溜一溜，成椭圆形，红中有白，很好看，也是甜甜酸酸。还有梯田埂边也有些泡子树，我们称它为小麦泡子，也有端阳泡子，红红的，像一个个小红珍珠,很好吃。其实这些野果是妇女妊娠期爱吃的水果。她们吃不够，可也摘不完。夏季呢，桃子、李子又出来了。秋季，柿子出来了，虽然它树杆光，枝干脆，不管它挂果有多高，用一竹竿，在竿头绑一个钩子，胆大心细的小伙伴坐到树枝丫上面，一个个就钩下来，红了的，是熟的，大伙儿就分别吃掉，青的吃不得，很涩口的，于是就带回家用谷一堆，留着慢慢受用。秋天时，还有板栗熟了，有的刺包开了，有的还原封不动地蹲在刺包里，纹丝不动，那我们就一枝一枝折下来，扛回家，往稻场一铺，太阳一晒，下午就用棒头捶，三下五除二，这刺包就一个个裂开了，猪红色的板栗就露出来了。我们就坐在石碾子旁边，边剥边吃。还有一种野果叫八月楂，我们常听大人念："八月楂，九月黄，自己打开让你尝。"什么意思呢？原来是这种野果哪天熟了，外面壳就会自己裂开，露出白净白净的果肉，真是味道好极了。冬天，大雪纷飞，又有猕猴桃随着风雪往下掉，清早我们提着篮子去拾。还有拐枣，弯弯曲曲，越是下雪，它就越甜。你说，这一年四季的，是不是天意安排?

我就出生在这美丽富饶、灵气遍生的丘陵。我的童年也基本是在这度过。

记 忆

村中人物

李绍明

才人绍敬

这回该止正经经列数我那小村的才人了。

心里的第一号才人，是本家兄弟绍敬。

绍敬哥小名叫逃，故容易记得，他是生在 1947 年，秋收时节。那年，国军在山东实行重点进攻，敝乡眼看要成战场。乡民在地方共产党组织下，全体向烟台老区走避。遥想当年，必定有车辚辚马萧萧、母叫子儿喊娘的惨烈场面。

绍敬哥不该降生在逃难的路上。他爷爷入过“邪教”，相当于练过法轮功，学了点“圣人不仁，以万物为刍狗”，决定舍卒保车，把头生的小孙子扔道旁沟里，保证大人和财产平安转移。他当时还有个词儿，算得上名人名言，说：“孩子是块肉，死了再另揍（做）。”平常温顺的四婶婶，这一回却严词抗命，死也不从。等闲保下了我们第一号才人一条小命。为纪念非常岁月，取名叫逃。

算是中国版“块肉余生”。

绍敬的父亲兆和叔排行第四，我们叫他四叔。他是个木讷不善言谈的人，似乎从不跟小孩子说话。我爹喜欢开他的玩笑，人前背后的称他为“财神”，或“大版财神”，或简称“大版”。因他长得魁梧，像尊神像，又严重少言。身材有特点，是上下一楞粗，肩和胸部不突出，也没有明显的肌肉块儿。红脸膛，头圆柱型，跟身量相配。

绍敬哥的体形，部分随似四叔，部分随似四婶。上下一楞粗，随四叔；不高，随四婶。像四叔一样，也没有明显的块儿。

可是，他却以大力士和庄户地里的能手，雄视我们那小小的村子十几年。

论说，他的身体条件并不优越。虽不到难看的程度，但毕竟身量不高。腿略嫌短，后部还稍为突出，走路有点前倾。有点像熊类，步态算不得优雅。眼睛远远看着前方，步子又大又快，总像是在小跑。后来才知道，摔跤的和练太极拳的人，大都是那样的形体，也是没有明显块头的。

他正当年时，没有人挑战他。没见他做什么高难动作，没有什么传奇事迹，甚至没见他跟人角过力。他的力气和能力，似乎都用在正事上。

他的威名，是建立在体力、能力跟智慧、人品之上的综合实力。

他是上过学的。初中上了不到半年，因饥荒辍学。老辈人说，以他的天分，若不是耽误，是会考上大学的。

“文革”前的村子，晚上是寂静的。虽然入了社，可村子还习惯于古老的节律。人们日出而作，日入而息，守着安静、警觉、天黑就睡的古训。

晚饭前后，村头柳下传来呜呜的乐音，那就是绍敬哥的笛声。

“文革”起，村子的夜晚热闹起来。共青团组织文娱活动，绍敬哥是活跃分子。登台奏乐，演唱，有模有样。二人表演唱“老两口学‘老三篇’”，四人表演唱“四个老汉学毛选”，都少不了他。

他嗓音极好。中气足，音色浑厚圆润，中高音优越。最喜欢唱的是“我为祖国献石油”。那时候不知道有什么歌星。我们村的歌星就是他了。

傍晚收工的村路上，往往能听到他的歌声。后来，我上学离开村子，就再也没有听见过那么好听的歌喉。

不唱歌的时候，也能听到他的吟啸。他喜欢使牛，吆喝牛的时候可以放开嗓门儿，像喊嗓子，隔三五里地能听见。特别傍晚收工，村里人听见绍敬哥的喝牛声，就知道是耕地的要回来了。

我队的大犍子大黑，没阉的时候，没人使唤得了。只有见了绍敬哥才乖乖听话。后来，大黑耕地时伤了权贵李保遵，被他擅作主张，阉了。那是我队远赴鲁西求的良种。只留下二队的二黑，体形力气具体而微，还差可比拟。二黑再传，就毫无光彩了。

大黑一辈子，似乎只跟绍敬哥默契。后来，兆先叔闯东北回来，用大黑拉车。大黑倒也服他。但是，看大黑被套在轭下，鞭打驱使，总觉得不是滋味。它只合在绍敬哥的吆喝声中犁地。绍敬哥也甩鞭子，可是并不打在牛身上，而是专为听它的响声。大黑也喜欢鞭子的响声。大脚蹄子宽宽地分开，踩在又深又直的犁沟里，身后黑土在闪光的犁头上翻飞。那不是苦工，是舒展筋肉，是身体乃至精神的享受。

绍敬哥有点像大黑。他是把别人认为吃苦受罪的庄稼活儿当作享受的。

他从不赶车，也不摆弄机器。除了这两样，就没有他不爱干的活儿。

最喜欢干的活儿，除了使牛，就是推小车。推土，送粪，运送其他东西。但主要是送粪，就是把生产队牛棚和每家每户积攒的粪肥运送到地头上。垫圈用的土往往是各家各户自己解决，分散进行。其他如运送庄稼，交公粮，送棉花，主要靠牛车，我乡叫大车。送粪却总是集中进行，是便于施展本事的比赛项目。

若不是冬天，绍敬总爱光膀子干活儿。虽没有突出的肌肉块儿，却也算匀称好看。特别他身上的皮肤，黑里透红，有缎子般的光彩，下到水里，不沾水，出得水来，水珠子刷地滚掉。

送粪主要是推小车走在土路上，是年轻人的活儿。因有车的惯性带着，这走往往是大步流星。年轻人在一起，不知怎么上了，走就变成了跑。你追我赶拉开趟子，这时候最出活儿，往往队长打算干一天的活儿，半天就给干完。没有人想讨队长的好，只图个痛快淋漓。出身透汗，跳进湾里洗个澡，比什么都舒服。

通常是一人推，一人拉。拉车的是青年妇女或半大小子，通常是清一色的女青年。除了跑路，其余部分是装车，拿铁锨把粪肥铲到车上的粪篓子里。

跟绍敬搭档，是一乐事。装粪他会帮你，上路他不用你拉，你一路虚提溜着拉绳，跟着跑就行。只管回程推空车。有载的时候，利于快，因要借惯力。回程时，若不是发了飚，可就慢下来，这是推车人的休息时间。主要是精神的休息，因为谁也不会在乎推空车那点儿分量。空着手，可以说说笑笑，打打闹闹，一路回来。

绍敬总是那个出力最大，风格最高的。这没办法，谁让人家力气富，人品好呢。男一号的地位，就是这样不知不觉形成和确立的。

他不仅仅是力大而已。他善于用力，用得有头脑，不滥用力气。他干活儿，那叫地道。麻利而到位，没有多余的动作。

有的人有爆发力，我乡叫虎劲；有的人有耐力，我乡叫长劲；有的人有俏劲；还有一种叫闷（一声）劲，不知道如何说它，打个比方，如果说耐力是驴的劲，那么，这闷劲就该是牛的劲。数种有一，即可立足。绍敬哥是兼而有之。

但这还不是绍敬的全部。他精力过于旺盛，智力过于发达，纯力气活儿，远不够他释放。收工回家的路上，他会四下察看，什么地方，该做什么活儿了，拾遗补缺，及时提醒队长。还会看天，通过看云象星象，预测天气。连送粪的时候，回程空走，也不闲着，会步量距离。久之，从村里什么位置，到哪块地的哪个部位，要多少步，全都有数。从哪儿到哪儿，怎么走更近，他说出来，没人跟他争。

他也思考问题。比我大几岁，赶上的事儿多，人聪明，开悟也早。好多言行不一，骗人的把戏，控制人的招数，社会压迫，他很早就洞若观火，不像我似的，光知道相信书本和广播传达的文件。

我村有过发飙的大力士，有过鲁莽的大力士，有过心中有事的大力士，有过智力有问题或品行有问题的大力士。像绍敬这样，没有缺憾，心中平然无事的人物，他这一代，似乎并无第二个。

1974、1975、1976 那几年，我县和几个邻县搞了一个大而无当的水利工程，胶莱河。那是一场劳民伤财的劫难。为这工程，集体的那点家底抛折殆尽，存粮吃光了，手推车用烂，牲口累死许多。人是不消说。劳动时间之长，强度之大，远非一般农活儿可比。加之困窘的居住条件，造成睡眠不足，体力得不到充分的恢复，等等，许多人落下了终身的伤痛。可就是在这样的场合，有一些得天独厚的人，还能够悠然有余裕，以为乐事。绍敬就是这样的一个。

1975 年冬，我最后一批被赶赴工地。那个冬天的工程已经进行了快一半。多少壮汉已失去了初到时的锐气。这时候，绍敬已年届三十。有些平素的敌手和后起之秀，开始怀疑他的地位，暗中要跟他较量。土方工程，无非是推车和装车。推车是上坡，从新挖的河底把满车泥土推上河堰，距离约二百米。装车也不简单，要在推车的搭档离开之后，用镐头把含有结块的硬土刨松，等搭档回来再快速把车装起。在同一个工作面上，刨同样硬的土，走同样路线。推车装车相轮换。结果：绍敬推车，装车的不赶趟；绍敬装车，绰绰有余闲。后生们终于服气，知道英雄宝刀未老，老将名非虚传。

苦战三个月，年关已到。腊月廿三晚 9 点，我和绍敬等几个人最后撤离工地。绍敬偶发豪兴，找粉笔在所住房间的壁上题了四句顺口溜：

奋战胶莱到您县，多谢房东照顾俺。
今朝结下鱼水情，留有美名千秋传。

是条拖不垮的汉子。

炳文炳禄

炳文和炳禄是叔伯兄弟。

两人都尚勇好武，又都不好好练拳脚。我村有伙练拳脚的，却没有一个是他俩的对手。

我家墙外的圩子沟边，有很多蛇。两人常常一起捉蛇。捉住就打死，或者玩。倒提起来甩，把蛇的骨节甩散。要么就把蛇活着围在腰间做腰带。总之花样不少。

直到成人了，关系还是很近。两人差不多同时结的婚。且结婚时两人约定，都不急着要孩子，以赌输赢，早要为输。意思要学梁山好汉，只打熬力气，不去贪恋女色。后来赢家是炳文。

炳文的父亲绍忠，是个愚鲁的人，不多说。母亲性情温和，口碑很好。不幸早死，享年才四十几岁吧。却是个很好的死法儿。据说，是做着饭呢，拉着风箱，一头倒在风箱上，就没了。一说是婆媳二人闲拉呱，忽听见绍忠大哥下地回来了。婆婆恐媳妇难为情，慌忙下地去做饭，心脏病突发，栽倒在风箱上的。

炳文内心忠厚，外貌刁顽。眼角嘴角，总带点睥睨的神气。腰细背圆，肌肉发达，一望而知，是个练过的人。背总有点猫着，像上了场的乒乓球运动员，一触即发的样子。只不过球员直盯对方，他是眼观六面。实际他并不是在寻人打架，而是在琢磨事儿。不是琢磨大事儿，大约是观察周围的力学现象吧。

炳禄是绍让的长子。绍让大排行第二。我叫他二哥。

绍让哥是村里人能见到的最大的官，大腹便便，很早就须发皆白，后来是须发皆无了。身材高大，态度超然，眯着眼睛，咧着大嘴，夏天穿件茧绸衫，摇柄芭蕉扇，偶或在村里晃晃，像尊佛。

跟邻居争吵，都是嫂夫人出头。

嫂夫人老来得一病，会忽然气填胸臆，上腹鼓起老高，痛疼难忍。一夜病发，炳禄推小车急送公社医院，半道上放两个大屁，竟然好了。从此，炳禄就常要半夜推车。

炳禄个头、眉眼随嫂夫人，只脸型、体型不像。脸型略呈倒三角，螳螂一样。上身也呈倒三角。像个小型的金刚力士。前臂，小腿儿，也都是三角形。一伸胳膊，就知道是个练家。耳聋，人说是小时下湾灌了水，生中耳炎，我乡叫耳朵底子，没治好落下的。因为这，那么喜欢当兵，硬是没当上。这足以见得，那时候特权还不大猖獗，公社官员的儿子，不缺鼻子不少眼，老老实实在家下庄户。（按：绍让育有四男二女，长男炳禄、长女举兰务农，虽然后来炳禄长期担任村民兵连长；次男炳润当教师，后转县农委作小官；次女玉兰教师；三男炳宪工人；四男炳政工人）

因为耳聋，炳禄脸上的表情就很有意思。通常木呆呆的。见了人，要努力装的不呆，表情经常就不正确。常比正确差半拍。不该乐的时候乐了；乐到一半又收起来，僵在那儿。到该乐的时候又跟不上趟。说话的时候你别看他。看他，他累，你也累。

当民兵连长，可是顶好的民兵连长。生当和平年代，委屈他了。他生在1945年，属鸡。四岁新中国成立。英雄再无用武之地。幸亏还有民兵，让他的才华得以儿戏般表现出来。

他的胆量我见过。路遇谁家挖井塌方，不敢下去砌井。他二话不说，顺着绳子便下去，替人把塌落地方给砌好。

以他那身功夫，敏捷，凶悍，和反应灵敏、不假思索的简单头脑，战场上不当英雄是不可能的。

可是，命运捉弄了他，他的武功，体能，头脑，一切战场上的优良素质，却只好用于和平年代的荒唐：蓄意的阶级斗争，看庄稼捉小偷，还有窝里斗。

炳文的武功不知是何渊源。没见他练过拳脚。只见他练块儿，爬树，凫水，还骑过马。

他的武功，大约是力大，灵敏，加上一些擒拿手吧，总是便于近身格斗那一种。见过他和炳禄比赛爬树。我队在庄后用场院的时候，场边一棵本地槐，有根横出的杈。两人轮番爬到树上，灯影里，当着惊愕的众人，在那根横杈上翻筋斗，倒挂，武艺不相上下。

骑马见过一次，表现平平。那是队里新买的一匹马，是匹退役的军马。白色，不甚高大，体型修长，是匹乘骑马。刚到的时候，全村都觉新鲜，因我们那穷乡僻壤，很少养马。那年大概年景稍好，买了一匹。好多人来在后场上看。那马还认生，躲着人。只见六爷爷秀丰不知怎么就牵过来，纵身上马，往北跑去。先是跑溜花步过了小桥，折到往西的大路上，那马就哗哗地放开四蹄，越跑越快，霎时不见踪影。从来没见谁骑过马，怎么也没想到平常斯文的六爷爷会骑马，而且是无鞍的骣马。老辈人是知道，人家从前过过好日子，见过，养过，应该也骑过马。我小孩子家可吃惊不小。说话间眼看着白马原路跑回来，速度不减。到得近前，六爷爷拍拍马头，连夸好马。我一颗悬着的心也算落了地。原来是六爷爷控制着马，而不是让马带走了六爷爷。

第二天，是在村前的打麦场上。好多人还没见过这马，来看新鲜。炳文终于忍不住，决心一试。我因已有心理准备，所以再见到什么花样，不会大惊小怪，何况是炳文。众人闪在一旁，看炳文盘马。

场地盘马，不像在大路上，那是在马上打转转。渐渐看出来，不是人在控制马打转转，而是那马打着转转要甩掉这个骑手。踢蹬了一番，不知是人上了火，还是马失了控，可就真跑开了。连蹦带跳窜出了几十米的样子，从西往东来，跑到场南边，尥个蹶子，就见炳文抢下马来。幸而落在一个土包上，又兼炳文毕竟皮肉结实，腿脚利索，打个滚式爬起来，总算没伤着。可是我从此知道，骑马是要学的。会就是会，不会就是不会。

仔细看时，那土包，正是他母亲的坟头。

炳禄当民兵连长，正当中苏关系紧张。反帝反修，“深挖洞，广积粮，不称霸。”“备战备荒为人民。”“提高警惕，保卫祖国，要准备打仗。”（有一回，村西头墙上的标语“要准备打仗”当中的“备”字脱落，惹得全村人心惶惶）……不管怎样，从“文革”起，到伟人死，那十年，可是中国军人的好时光。中共的九大、十大，台上台下一片军绿。在基层，也是民兵的黄金时代。

我爹是干过民兵的。提棵枪，深更半夜穿行在青纱帐起的四屯之间，时刻要提防残余土匪的袭击，是很提气儿的。那是建国之初。可是，承平时期，民兵如此见重，却不可多得。

村里几十号基干民兵，人人有支步枪。军事训练，摸爬滚打。我是学生，没赶上扛枪，却也从旁见习，也偷着练过高姿匍匐、低姿匍匐呢。成年人花样就多了。实弹射击，武装泅渡，战地救护，三防（防化学战、细菌战、核战）。什么“人”字形绷带，止血带，人工呼吸，水中救援，都见过。除了跟医学有关的科目是村卫生所医生绍恩协助进行，其他所有科目全是炳禄的拿手。当年炳禄真是如鱼得水，大展风采。

“文革”后期，民兵不大兴了。昔日练兵场上的英雄，只有在看庄稼的时候，才有点微薄的机会施展。不光看庄稼，草都要看。那年月，不但人穷，地也给搜刮得精穷。粮不够吃，柴也不够烧。沟沿的草，一年被割无数茬，喂了牲口。冬天收集柴火的时候，满地里空空如也，沟沿上都是光光的。庄稼秸秆不消说，收割之余的茬子，都要分配到户，各收各的。收集苗圃的树叶，棉花地里的落叶，那算是偷。工具如小耙、背篓等可能被毁坏、没收不说，人身安全也得不到保障。特别是碰见炳禄这样的人在看坡。我队有块地靠近西庄——那是高家庄、聂家庄、余家庄（高聂余）的统称——西庄人免不了要乘便染指。一次是炳禄值班。

该当来人倒霉，叫尽职尽责的炳禄撞上，在棉花地里搂落地的叶子。黑暗中被炳禄当胸一拳，只听一声惨叫，却是个女的。那个人怎么回去的、回去了怎样，没人知道，只知道炳禄指关节受伤，疼了大半年。

还有一次用上功夫，是所谓的“窝里斗”。

他父亲绍让亲兄弟四个，是为老二、老三、老四和老五。兄弟四个有个老娘，随老五过活，其他几个意思意思。老二绍让是长子，家境又最好。可能意思得别人觉得不够意思，弟兄之间就有些争吵。往往老三、老四、老五站在一边，说老二的不是。老娘似乎也偏向着多数。老三当干部，矜持不出头；老五国家职工，也颇斯文；只有老四绍义，生性戆直，身体又有点本钱，可不是一般的本钱。绍义四哥当年，也是村里的一条好汉。跟我爹一起参的军，混敌后武工队。一餐能吃一百二十个饺子。（我爹纪录是一百一十，两人分别号称粮站、粮库）后来复员，在生产队赶大车，风里来雨里去。送公粮时，百多斤重的麻袋包，胳膊下夹着，一边一个上粮垛。所以出头争竞。这边绍让不在家，大嫂妇道人，出头是由炳禄。这样两个人，有什么好争的？还不是开打。有一次滚到大街上，炳禄家的门前，引得全村人出来，看一叔一侄龙虎斗。端的是一场恶战。最后还是作侄儿的，一来年轻，二来比较没有心理负担，解决了事端：掣根木头，拦腰把叔叔打倒在街边的泥塘里。

四兄弟养老的事情，再也没人提起。

四哥没活到很大年纪。此后数年，半身不遂，郁郁而终。

我跟炳禄关系还好。我理解他。他没啥坏心眼。只是生不逢时。

头脑简单而又固执的人，有时能表现为一种惨毒。这种惨毒与其说可恨，不如说可怕，其可怕，正在于它不是处心积虑的。《水浒传》里的李逵，大约是这种人物吧。

知道他的人，稍有头脑，没有跟他争论的。尽管他愿意跟人争论，自信能够说服别人，而通过说理来解决问题。可一旦开始，他就决不会考虑别人的意见，或试图修正自己的。所以他一开口，往往就是最终的决定。而他也为此苦恼。因为他感觉到孤独。

他以为自己是仗义执言的。他确也从不避讳，直陈己见。他不能理解别人拐弯抹角，曲线救国。他没有那份头脑。所以他自有一份人缘。

他做活儿也不惜力气，不计较别人做多少，不屑于跟别人比。这种事上，他心不在焉。

谁知炳禄还那么内秀。

若论画画儿，他是我村一支笔，尽管他的字不甚高明。

他画画儿是从小会。既长，虽没有正经的师承，却也用过苦功。他上过初中。初中语文课那时分两部分，文学和汉语。文学课本容量极大，且有丰富的插图。特别是古典小说选段，常有大名家墨浪、王叔晖、刘继卣等人的线描插图。炳禄都反复临摹过，极有耐心。刘继卣（他老是念作卤）的《大闹天宫》，墨浪的《岳飞枪挑小梁王》，临摹得形神俱备，一笔不苟。也画飞机空战，叫做《长空雄鹰》。"文革"后期，外贸部门为赚取外汇，接受民间画工的作品。炳禄也曾试过。画得最多的是老虎，有名叫《虎啸风生》，大路货，但他临摹的工笔重彩《三打白骨精》，却线条娴熟，色彩干净，很是精美，远非工艺品厂那些产品可比。我还从他那儿借过一套钟质夫的小写意花鸟，正经临摹过。记得有玉兰八哥、萱草、荷花之类。他自己是不画写意的。

家里挂的画也是刀马人物，新年画是《风雪巡逻兵》。前几年我在市场上见到天津人美新版的一批印片，其中有刘继卣的《人圣祝寿图》和苏联画家画的《三勇士》，想到炳禄会喜欢，多买了两张，特地带回老家，亲手送给他。那时，离开我看他画画儿，算来足有三十年了。

他也唱歌。喜欢唱节奏感强的，进行曲一类。最喜欢唱《最响亮的歌是〈东方红〉》。他嘴皮薄，口劲好，末尾两句，"全中国人民热爱你，伟大的领袖毛泽东；全世界人民景仰你……"那么短的三连音，他唱得清清爽爽，毫不含糊。

喜欢看电影。歌剧《刘三姐》他看了几十遍。十里八村跟着放映队跑，演到哪看到哪。主要唱段都会唱。

炳禄对我家的人都好。他知道服我爹。尽管爹知道他的脾气，不常说他；二姐当民兵，学歌儿快，常得到炳禄的表扬；大姐为姑娘时有张照片挺好看，表情冷峻，眉目英气，脸庞圆润像祝希娟，眉眼像杨雅琴。炳禄借了去练画画儿，搁在他家好几年。还救过三姐的命。三姐小时在桥头玩，不慎掉落水中，被冲走老远。是炳禄跳下急流，给捞上来。

炳文也有内秀的一面。他喜欢摆弄机械。后来在村里干电工，爬树的功夫算是用上了。再后来管磨房，那是我村唯一像样的集体副业。再后来调到县电力局，干安装，爬杆无人能敌。这都是后话。他的内秀，有过一次出色的表现，就是发明“双管水车”。那是“文革”初期，生产劳动热情高昂，抗旱车水，嫌水车效率低，又缺乏抽水机，炳文忽发奇想，要把水车改成双管，一顶两用。说来简单，就是把两部水车并成一部，两轮相联，两管并立，效率提高一倍。说干就干，他向时任小队会计的我爹提出方案，我爹说服班子，拨款让他试验。很快搞成，我记得的，就是木工的部分，出水口用木板做一簸箕，代替原来的铁簸箕。两个轮轴连在一起，是不消说。可是，当时确是很轰动，算一番创举，为一队争了口气。也是“文革”时村民心态的一个反映。

炳文为人有很好的口碑。在我们家族里，他辈份较低。可他过年时能想到把长辈拢到一起，虽由家道不错，毕竟还是厚道。我上大学后，春节回家，参加过他家的年筵。一餐一饭，至今不忘。

也没忘他那份猴气。坐席时，为了暖和，饭桌搁在炕上。人多，已有人坐上窗台，还坐不下。炳文教众位长辈：“都搭边靠棱的！”这是我乡人吆呼小孩子的说法，不算礼貌。当然，谁也没怪罪他。

炳文力大，是大家都知道的。一般认为，绍敬是诸劲都有，而炳文则以俏劲见长。此论自然不差。可是，详细言之，绍敬的劲，亦有偏至。他是闷劲为主，而干活儿的巧劲，还不等于素质中的俏劲。炳文是俏劲掩盖了其他方面。即如闷劲，他也不弱的。举个例子。一次在南场分棉花柴。他家分了二百六十几斤，看去那是一大堆。若在别人，一定是作两趟，或三趟，挑了回去。他不。他向来是不管多少，一趟解决的。有个词儿叫“使懒法儿”，意思是懒人的办法。放下绳子，一大堆棉柴捆作两头，比人头高，穿上扁担，在众人赞叹声中，挑上就走。

他家住近后街，南场是在东南方的村外，到家总有半里多吧。不一会儿，把棉柴挑回家，又挑了回来，回到场上，叫管着分草的给他重新过磅。原来，他越走越觉着轻快，最后终于疑心分给他家的不够分量，又挑回来核实一番。

常年干电工，不大下力。到底有多大劲，自己也没个数。

稿 约

《温故》是一种陆续出版的历史文化读物。

《温故》以今天的视角来追忆与审视过去，并为当下的生存与未来的发展提供一种参照。所谓“温故而知新”。

《温故》的内容大体包括以下三方面：

一、对人类以往生存状态的追怀；

二、对历史的审视与反思；

三、对历史文化遗迹与遗留文本的重温。

来稿力求史料鲜活，视角新颖，观点独到。一经刊用，即致稿酬。

地址：北京市东城区和平里兴化东里26号楼《温故》编辑部

邮编：100013

电话：(010)84255528-8019

传真：(010)64204980

电邮：wengushufang@126.com

图书在版编目 (CIP) 数据

温故（二十一）/ 刘瑞琳主编 . —桂林：广西师范大学出版社，2012.2

ISBN 978-7-5495-0898-3

Ⅰ . ①温… Ⅱ . ①刘… Ⅲ . ①中国历史：现代史 – 史料

Ⅳ . ① K260.6

中国版本图书馆 CIP 数据核字 (2011) 第 215144 号

广西师范大学出版社出版发行

桂林市中华路 22 号 邮政编码：541001

网址：www.bbtpress.com

出 版 人：何林夏

出 品 人：刘瑞琳

责任编辑：曹凌志

装帧设计：陆智昌

制　　作：陈基胜

马志方

全国新华书店经销

发行热线：010-64284815

山东临沂新华印刷物流集团印刷

临沂高新技术产业开发区新华路　邮政编码：276017

开本：700mm × 1000mm　1/16

印张：16　字数：200 千字　图片：74 幅

2012 年 2 月第 1 版　2012 年 2 月第 1 次印刷

定价：29.00 元